AF595308

LOUISE DUVAL,

OU

UN PRÉJUGÉ,

DRAME EN QUATRE ACTES

MÊLÉ DE CHANTS

PAR MM. LÉON HALEVY ET JAIME.

REPRÉSENTÉ POUR LA PREMIÈRE FOIS A PARIS, SUR LE THÉATRE DE LA GAITÉ, LE 28 FÉVRIER 1837.

Tu es venu trop tard, Julien. (ACTE II, SC. XII.)

PARIS,

NOBIS, ÉDITEUR, RUE DU CAIRE, N° 5.

1837.

Personnages.		Acteurs.
JULIEN BRICHARD, ouvrier charpentier	MM.	MAILLART.
GUILLAUME LAMOUREUX, cousin de Julien		LEBEL.
JULES DE BRÉMONT, directeur de la maison centrale de Melun		EUGÈNE.
UN JUGE D'INSTRUCTION.		JOSEPH.
UN PRÉSIDENT.		CAMIADE.
UN HUISSIER.		FONBONNE.
GOBELOUP, brigadier de gendarmerie		LAISNÉ.
UN OUVRIER.		DARCOURT aîné.
LOUISE DUVAL au premier acte, sous le nom d'ADÈLE VERDIER	Mmes	ROUGEMONT.
LA MÈRE BRICHARD, fermière		CHEZA.
ADÉLAIDE DUCORNET, connaissance de Louise		LÉONTINE.
ERNEST, fils de Louise Duval (sept à huit ans		ANNA FONBONNE
UNE FEMME DU PEUPLE.		CHARLES.
UN NOTAIRE.		
PAYSANS, PAYSANNES, OUVRIERS, CONSCRITS		

Au premier acte, la scène est au village de Saint Brie, près Louviers ; aux deuxième, troisième et quatrième actes, la scène est à Melun

I. H. MEYREL Passage du Caire, 54.

LOUISE DUVAL,

DRAME EN QUATRE ACTES.

ACTE I.

Le théâtre représente l'intérieur d'une ferme. Une salle basse qui donne sur la rue.

SCÈNE II.

LA MÈRE BRICHARD, GUILLAUME.

GUILLAUME.

Ah ça! ma tante Brichard, laissez-moi donc souffler un peu, que diable! est-ce qu'on bouscule un homme de cette façon-là? il y a deux lieues d'ici à Louviers, d'où je viens, et à pied dans le mois d'août, ça échauffe!

MÈRE BRICHARD.

Eh bien! remets-toi, et va vite à la cave!

GUILLAUME.

J'en arrive, vous le voyez bien. (Il lui montre des bouteilles, rangées sur la table.) C'est là que j'ai été rendre ma première visite!

MÈRE BRICHARD.

C'est que mon Julien est à la mairie avec tous nos garçons; ils tirent à la conscription, et en revenant, s'ils ont eu du bonheur, il faut qu'ils boivent un coup, pour se réjouir; s'ils ont eu du malheur, il faut qu'ils en boivent deux pour se consoler!

GUILLAUME.

Soyez tranquille allez, je les connais, ils n' se feront pas prier!

AIR : Qu'il est flatteur d'épouser celle.

Dans not' pays, il n'y a qu' des pommes;
Et le raisin est ignoré.
Ils sont là-bas quinze à vingt hommes
Qui n' connaiss' que l' cidre ou l' poiré.
Votre vin n'est pas d' la piquette!
Et dès qu' nous leur en verserons,
Nos Normands vont s' monter la tête,
Et boire comm' des Bourguignons.

MÈRE BRICHARD.

Et qui sait? si mon Julien attrapait un bon numéro, on pourrait peut-être bien faire un mariage aujourd'hui.

GUILLAUME.

Oui, le sien ou le mien, puisque Adèle Verdier a promis qu'aujourd'hui elle se déciderait pour l'un de nous deux; d'ailleurs, ma tante, vous qui l'aimez tant, cette chère Adèle, vous n'y perdrez rien : elle sera ou votre fille ou votre nièce!

MÈRE BRICHARD.

Pourvu qu'elle ne me quitte pas, voilà tout ce que je demande; car c'est la providence qui me l'a envoyée. Je vieillissais, et les travaux de la ferme commençaient à me sembler rudes, quand tout d'un coup, elle est venue me demander du travail; sa bonne mine, son air d'honnêteté me l'ont fait accueillir...

GUILLAUME.

Et depuis ce temps, c'est elle qui vous remplace... En voilà une fameuse femme à épouser, elle sait tout; il n'y a pas dire, quoi! le linge, on ne croirait pas son talent; elle a une facilité pour le linge, et travailleuse!.. Elle se lève avant le jour, toutes les nuits; enfin, avec elle, on ne trouve plus rien à faire! aussi j'y tiens énormément!

MÈRE BRICHARD.

J'ai bien peur mon garçon qu'elle ne te préfère Julien.

GUILLAUME.

Laissez donc!.. Julien est mon cousin, je l'aime d'enfance, et je ne lui veux pas de mal; car enfin, si nous l'aimons tous les deux, cette femme, c'est-il not' faute? nous faisons comme tout le monde : tout le monde l'a dore dans le pays. Je sais bien qu'on me dira qu'elle est veuve, qu'elle a été mariée; un an de mariage, c'est à peu près comme si elle était demoiselle...

MÈRE BRICHARD.

Je crois bien! elle n'a que vingt-deux ans.

GUILLAUME.

Il est vrai que de ce mariage est survenu un jeune garçon, qui a préféré vivre avec sa maman que de mourir avec son papa; eh ben! quoi, c'est de la famille toute faite, un enfant de sept ans tout élevé.

MÈRE BRICHARD.

Oui, c'te pauvre jeune femme! elle le fait élever à Louviers, du fruit de son travail!

GUILLAUME.

Aussi, ça ne m'arrête pas, et je l'épouse; car ça doit être moi le préféré. Je suis mieux lancé que Julien qui est un simple charpentier, tandis que moi, quelle position! elle sera un jour à la tête d'une fabrique d'étoffes, fabricante de bouracan; vous ne connaissez pas l'empire du bouracan!

MÈRE BRICHARD.

C'est égal, je parie pour Julien, s'il attrape un bon numéro!

GUILLAUME, à part.

Je ne suis pas méchant, mais je lui souhaite le numéro un!

MÈRE BRICHARD.

Dans tous les cas, je vendrais un quartier de terre pour le racheter. En 1836, ce n'est pas comme en 1810, où il fallait se ruiner pour ravoir son enfant.

AIR : J'ai mis en vous ma confiance

En c' temps de gloire et de conquête,
Qu'un' pauvr' mère avait de tourment!
Un homm' valait les yeux d' la tête!..

GUILLAUME.

Ça n'est plus comm' ça maintenant.
Sur l' marché que de gens s'étalent!
Y en a surtout, que j' connais bien,
Qui s'vendent encor plus cher qu'ils n' valent,
Et qui pourtant se donn't pour rien.

MÈRE BRICHARD.

Allons, veille bien à ce que tout soit prêt... C'est toi que je charge du repas des fiançailles.

GUILLAUME.

Soyez tranquille, comme il est presque sûr que je serai le fiancé, je vas me préparer un dîner soigné! (La mère Brichard sort.)

SCÈNE II.

GUILLAUME, seul.

Oh oui! que je serai le préféré; d'abord, je ne peux épouser qu'une femme, et c'est celle-là! Il n'y a qu'une chose qui me taquine, c'est qu'il y a du mystère dans sa conduite; elle est quelquefois cachotière, silencieuse: beaucoup trop même, pour une femme de son sexe: après ça, silencieuse, ça peut devenir précieux en vieillissant. Cependant, ça est cause que j'ai commis une indiscrétion, pardonnable dans ma position: j'avais remarqué qu'elle n'aimait pas qu'on entrât dans sa chambre, et ça m'avait donné des idées; enfin, un jour, je l'entends à travers sa porte qui sanglottait: je regarde à travers la serrure, elle tenait à sa main des papiers qu'elle lisait en pleurant à chaudes larmes; j' me dis: c'est peut-être des lettres de son mari; mais voilà qu'elle les cache dans une armoire dessous un tas d'effets comme quelque chose de secret: je ne dis rien, je la guette sortir, et je déterre les malheureux papiers, afin de m'éclairer sur cette affaire. Au moment d'épouser une femme, il est bien permis de prendre ses précautions, quoique avec elle, cher ange! je l'épouserais les yeux fermés! (Tirant les papiers de sa poche.) Les voilà, ces papiers; ça n'est pas plié comme des lettres, et je ne sais pas lire; mais avant la fin du jour, j'aurai trouvé quelqu'un de confiance qui me dira de quoi il retourne. Oh! mon Dieu! la v'là... mon cœur bondit: assurons mon triomphe!

SCÈNE III.

LOUISE, GUILLAUME.

LOUISE.

Ah! bonjour, mon bon Guillaume!

GUILLAUME.

Bonjour, ô vous, la plus jolie fermière de toute la Normandie!..

LOUISE.

Fermière! je voudrais bien l'être!

GUILLAUME.

Mais, jolie, il y a long-temps que c'est fait.

LOUISE.

Que vous êtes galant ce matin! mais dites-moi, vous arrivez de Louviers: êtes-vous allé, comme je vous en avais prié, à la pension d'Ernest?

GUILLAUME.

Je crois ben et je l'ai embrassé sur ses deux grosses joues rouges, et fièrement fort, allez! je me figurais que c'était vous! en voilà un enfant qui est savant! il m'en a fait rougir! il a lu son alphabet tout entier devant moi qui n'en sais pas un mot! si ça ne fait pas honte!.. un enfant de sept ans!..après ça, on ne peut pas tout savoir : demandez-lui de faire du bouracan, à cet innocent.

LOUISE.

Savez-vous si les conscrits sont rassemblés?

GUILLAUME.

Certainement; ils sont en train de se procurer cet agrément qui m'a coûté un homme il y a quatre ans! un homme de quarante louis!..

LOUISE.

Et sait-on quelque chose sur le sort de Julien?

GUILLAUME.

Rien encore; ça vous intéresse donc bien?

LOUISE.

Je lui en demanderais autant si vous étiez à sa place!

GUILLAUME.

Eh bien! à la bonne heure, c'est gentil, ce que vous me dites là... Tenez, pendant que nous sommes seuls, Mme Verdier, là, en conscience, vous devriez bien me dire ce que vous pensez sur mon compte!

LOUISE.

Mais, beaucoup de bien, je vous assure.

GUILLAUME.

Vous êtes bien bonne, mais je vous demande ça à cause de la chose... vous savez... Julien et moi... voyons, dites-moi d'abord, ce que vous pensez de mon physique, parce que on prend toujours les femmes par le physique...trouvez-vous, comme moi, que j'ai quelque chose d'agréable dans l'œil?..

LOUISE.

Comment! vous avez toujours ces idées de mariage!

GUILLAUME.

Si je les ai! Julien aussi les a... Vous savez ben que vous avez demandé jusqu'à la conscription pour réfléchir... faire un choix entre nous : eh bien! c'est aujourd'hui sa conscription, et ce soir il faut que l'un de nous soit vot' fiancé.

LOUISE.

Eh bien! M. Guillaume, attendez à ce soir... Ce soir, je me prononcerai.

GUILLAUME, à part.

Me voilà tout aussi avancé qu'auparavant... qu'est-ce qu'elle peut avoir? (Haut.) Songez que je serai un bon parti : outre mon petit établissement de bouracan, je viens de faire un héritage à Melun.

LOUISE, avec trouble et à part.

A Melun!..

GUILLAUME.

Et des écus, c'est bon dans un ménage... voyons, dites oui... tout de suite...

LOUISE.

Ce soir, M. Guillaume, je vous l'ai dit, ce soir, vous saurez ce que j'ai résolu.

GUILLAUME.

Allons! Eh bien! à ce soir. (On entend des coups de feu.) Ah! voilà les conscrits qui sortent de la mairie: Julien est avec eux.

LOUISE, à part.

Pauvre Julien! pour lui, pour sa bonne mère, je souhaite que le sort l'ait favorisé.

SCÈNE IV.

LES MÊMES, LA MÈRE BRICHARD, JULIEN, LE BRIGADIER GOBELOUP, CONSCRITS, PAYSANS.

CHOEUR.

Air de l'If de Croissey.

Quel bonheur pour sa mère!
Pour Julien, quel plaisir!
Amis, le sort prospère
L'empêche de partir!

JULIEN.

Ma bonne mère, Adèle, Guillaume, mes amis! regardez: cent cinquante.

MÈRE BRICHARD.

Cent cinquante...c'est un bon numéro, ça, M. Gobeloup?

GOBELOUP.

Je crois bien, on n'en demande que dix-huit...

GUILLAUME, à part.

Dix-huit, dix-huit! il en faudra au moins deux cents, le vent est à la guerre!..

JULIEN, embrassant sa mère.

Ma mère, que je vous embrasse encore! (A Louise.) Adèle, voulez-vous me permettre?.. je suis si heureux.

LOUISE.

Très volontiers

GUILLAUME, à part.

Il me semble que je pourrais l'embrasser aussi, moi qui ai eu le numéro treize, il y a quatre ans!

MÈRE BRICHARD, à Louise.

J'espère, Adèle, que maintenant rien ne peut plus l'empêcher d'être votre mari?

GUILLAUME.

A moins que ça ne soit moi qu'elle choisisse.

TOUS LES CONSCRITS, se moquant de Guillaume.

Ah! le beau mari!.. ah! le bel homme!..

GUILLAUME.

Bel homme! oui, je suis bel homme...A-t-on jamais vu ça? vils paysans, respectez un industriel de mon rang... Brigadier Gobeloup, vous qui êtes mon ami, imposez donc silence à ce tas de conscrits!

(Les conscrits recommencent.)

GUILLAUME.

Si c'est Julien qui vous a dit de m'insulter, qu'il parle.

JULIEN, s'avançant.

Guillaume!..

MÈRE BRICHARD.

Eh ben! est-ce qu'il vont se fâcher?

LOUISE.

Julien, Guillaume, pas de rivalité entre vous!..J'avais promis, il est vrai, que je me déciderais aujourd'hui, mais je ne puis encore!..

MÈRE BRICHARD.

Allons, je vois ce que c'est, Guillaume: il faut te faire une raison, tu ne vois pas que devant toi...

GUILLAUME.

Eh bien! quoi! devant moi!..

MÈRE BRICHARD.

Eh bien! qu'elle n'ose pas te dire que c'est Julien qu'elle aime, et que tu lui sembles trop laid!.. (Les conscrits recommencent à rire.)

GUILLAUME.

C'est un complot! un horrible complot!.. Brigadier Gobeloup, vous qui êtes mon ami, suis-je laid ?..Et c'est ma tante, une femme de ma famille!.. Il y a un affreux relâchement dans la société!

LOUISE.

Calmez-vous, Guillaume, car je ne puis épouser. . ni vous, ni Julien!

JULIEN.

Que dit-elle?

LOUISE.

Ce mariage que vous demandez est impossible:

TOUS.

Impossible!..

LOUISE.

Un motif impérieux me le défend!..

GUILLAUME, à part, mettant la main à sa poche.

En voilà une sévère, est-ce que ces papiers...

MÈRE BRICHARD.

Il me semble pourtant que vous donner mon fils, ce n'était pas vous ruiner; car un jour il aura ma ferme, et ce n'est pas votre fortune qui doit vous rendre fière!

JULIEN.

Ma mère!..

LOUISE.

Madame, je sens tout le prix de l'honneur que vous vouliez me faire... mais de puissantes raisons...

MÈRE BRICHARD.

Eh bien! alors, il faut nous les dire; car nous avons été trop loin pour que ça se passe comme ça.

GUILLAUME.

Oui, oui, il faut les dire... il faut motiver ce refus surnaturel... (A part.) Je finirais par croire qu'elle me trouve laid!

MÈRE BRICHARD.

Voyons, Adèle, parlez!..

LOUISE.

Eh bien! je dirai tout... mais à Julien, à lui seul...

GUILLAUME, vexé.

A lui seul!..

MÈRE BRICHARD.

Eh bien! alors, Julien reste avec elle... (A Gobeloup et aux asistans.) J'en étais sûre; a-t-elle bon cœur! elle craignait d'humilier Guillaume devant tout le monde; une fois avec Julien, ça va aller tout seul!.. Suivez-moi tous... (Bas à Louise.) Je comprends à cette heure; c'est bien ce que vous faites là; je disais aussi: nous jouer un tour pareil!.. Et le notaire qui va venir!.. Allons, Guillaume, allons...

CHOEUR.

AIR: Allons je me mets en voyage

Retirons-nous en silence!
Nous reviendrons tous en ces lieux
Joyeux.
Bientôt, j'en ai l'espérance,
L'heureux Julien verra combler ses vœux.

(Tout le monde sort, excepté Guillaume qui est resté avec Louise et Julien.)

SCÈNE V.

LOUISE, JULIEN, GUILLAUME.

GUILLAUME.

Allons, à présent que cette foule est dissipée, allons, bah!.. confiez-nous ça! voyons, le cœur sur la main...allons, bah!.. tu peux rester, Julien, tu peux rester.

JULIEN, à part.

Eh bien! il est sans gêne, le cousin Guillaume!

LOUISE, embarrassée.

M. Guillaume...

GUILLAUME.

Allons, bah.!. le cœur sur la main...

LOUISE.

M. Guillaume, je voudrais...

GUILLAUME, montrant Julien.

Vous voulez qu'il s'en aille...

LOUISE.

Au contraire ; c'est à lui, à lui seul...

GUILLAUME.

Ah! c'est-à-dire que vous voudriez que... *Il montre la porte.*

JULIEN.

Précisément...

GUILLAUME, à part.

C'est joli!.. ce mystère me révolte, à la fin... Ah! quelle idée! ce qu'elle va lui dire a peut-être rapport à ces papiers; j'en saurai autant que lui; je vais les montrer au brigadier Gobeloup qui est mon ami... Une autorité, ça doit savoir lire... *Il sort.*

SCÈNE VI.

LOUISE, JULIEN.

JULIEN.

Parlez, Adèle, nous voilà seuls; quel est ce secret que vous ne voulez confier qu'à moi?

LOUISE.

Ah! Julien, je vous ai trompé, vous, votre bonne mère, tout le monde...

JULIEN.

Que voulez-vous dire?

LOUISE.

Je suis venue dans ce village...j'étais inconnue, seule, sans protecteurs... vous m'avez accueillie avec bonté... vous m'avez secourue, moi et mon enfant; vous m'avez donné du travail et un asile... et maintenant, mettant le comble à tant de générosité, vous voulez faire de moi votre femme!..

JULIEN.

Oui, Adèle, et c'est un trésor que je crois me donner là!.. Où trouver ailleurs tant de sagesse, d'honneur et de probité? Quand je vous vois, dès le matin à l'ouvrage, n'avoir qu'un but, qu'une pensée, celle d'élever votre petit Ernest avec le produit de vos épargnes, je me dis: c'est comme ça qu'elle aimera un jour nos enfans; et d'avance cela me rend heureux... Quand on veut citer dans le pays une femme aussi sage que belle, qui ne donne à jaser ni aux méchants, ni aux sots, qui nomme-t-on! Adèle, mon Adèle... Quand on veut parler d'une bonne ménagère, toujours debout avant le jour, et la dernière partie à la veillée, qui nomme-t-on? toujours Adèle!.. Veut-t-on parler d'une honnête femme, incapable de s'approprier le bien de son prochain, et à qui chacun donnerait sa maison à garder? encore Adèle!.. témoin ce riche portefeuille, que vous avez un jour trouvé sur la grande route, trente mille francs en billets de banque, que vous avez rendus à leur propriétaire sans vouloir accepter seulement un louis! C'est ce jour là que j'étais fier et que j'aurais donné tout au monde pour que vous fussiez déjà Mme Julien!.. Ah! tenez, Adèle, ne dites pas que vous nous avez trompés! c'est impossible.

LOUISE, vivement.

Cela est vrai.. je ne suis pas digne de vos bontés, de votre amour.

JULIEN.

Expliquez-vous!

LOUISE.

Je ne puis prétendre à la main d'un honnête homme! je vous ai dit que j'étais veuve...

JULIEN.

Eh bien!

LOUISE.

Je ne le suis pas, je n'ai jamais été mariée!

JULIEN.

O ciel!

LOUISE.

Vous le voyez, Julien, déjà vous rougissez de moi! cet enfant que vous aimiez déjà comme le vôtre, il n'a pas de nom, il n'a pas de père... J'ai voulu cacher sa honte et la mienne! et pourtant, Dieu sait si cette honte fut méritée! *Elle pleure.*

JULIEN.

Adèle, ne pleurez pas.

LOUISE.

Je fus trompée, trahie par l'homme à qui j'avais tout sacrifié ; il était au-dessus de moi par l'éducation, par la fortune; il m'abandonna, moi, pauvre ouvrière, qui lui avais donné mon avenir, et qui avais cru, insensée que j'étais, qu'il me ferait partager son sort! je restai seule à Paris, sans ressources, livrée à tout l'égarement du désespoir. Ah! M. Julien, oubliez-moi... repoussez-moi... je ne suis plus digne que de votre mépris.

JULIEN, très ému.

Dieu! peut-on dire des choses comme ça?.. et pourquoi donc que je vous mépriserais, mamselle Adèle?.. parcequ'il s'est trouvé un homme assez sans cœur pour vous abandonner, vous, si bonne, si honnête! c'est lui qu'il faut mépriser!.. et puis, ce n'est pas ici comme à Paris; quand nous aimons une fois, voyez-vous, c'est pour toujours! Certainement, j'aimerais mieux que ça ne vous soit pas arrivé, mais c'est tout de même ; votre enfant n'a pas de père... Eh bien! je lui en servirai, moi, je l'élèverai, je l'aimerai comme s'il était à moi... Ah! dam! je n'en ferai pas un monsieur, un savant; mais ce sera un brave ouvrier, honnête, et peut-être qu'un jour il me remerciera, m'aimera, et ne regrettera pas celui qui l'a abandonné... Donnez-moi votre main, mamselle Adèle, et ne pleurez pas comme ça; d'ailleurs, c'est entre nous, personne n'en saura rien. Allons, riez un petit peu, là... c'est fini!.. Ohé tout le monde!..

LOUISE, le retenant.

Julien, Julien, au nom du Ciel!

JULIEN.

Du tout! en v'là assez...

LOUISE.

Il est une chose encore que je dois, que je n'ose vous dire... Si vous saviez...

JULIEN.

Je n'écoute plus rien. (Il court ouvrir la porte.) Par ici, les amis, par ici, venez tous!

SCÈNE VII.

LES MÊMES, LA MÈRE BRICHARD, GUILLAUME, CONSCRITS, LE NOTAIRE.

JULIEN.

Oui, mes amis, plus de tristesse, plus de chagrin! elle a consenti, c'est moi qu'elle épouse!

GUILLAUME.

Elle l'épouse! (A part.) Et ce diable de Gobeloup qui n'a rien voulu me dire!

LA MÈRE BRICHARD.

Voilà qui est parler! Monsieur le notaire, je vous présente la mariée!

FINALE.

AIR de Tolbecque (CHARLES.)

CHOEUR.

Douce assurance!
Heureux Julien!
Sa résistance
Lui cède enfin!

JULIEN.

Venez tous! vous pourrez entendre,
L'aveu de l'amour le plus tendre!

TOUS, à Julien.	GUILLAUME, à Louise.
C'est l'aveu d'un cœur innocent!	C'est un choix bien intelligent!
Je vous en fais mon compliment!	Je vous en fais mon compliment!

REPRISE DU CHOEUR.

Douce assurance!
Heureux Julien!
Sa résistance,
Lui cède enfin!

LOUISE, à part.

Ah! je tremble... que faire?

LA MÈRE BRICHARD.

Approchez-vous, ma chère

LOUISE.

Mon cœur bat...

JULIEN.

Calmez-vous

LA MÈRE BRICHARD.

Parlez... plus de mystère !

JULIEN.

Que ce moment est doux

(A part.) Ils vont l'entendre tous !

(Haut, à Louise.) Pourquoi vous en défendre ?

Allons, point de frayeur !

Dites, sans plus attendre,

Ce mot cher à mon cœur !

LA MÈRE BRICHARD.

Parlez donc...

LOUISE.

Trouble extrême !

JULIEN.

Allons, Adèle...

LOUISE.

Eh bien ! (bas.)

Non... non... je ne puis... quoique je l'aime

Je ne puis... épouser Julien !

TOUS.

Quelle surprise extrême !

Grand Dieu ! qui le croirait ?

Quoi ! refuser Julien qu'elle aime !

Quel est donc son secret ?

LA MÈRE BRICHARD.

Ah ! c'est trop fort... est-ce que nous allons recommencer ?

GUILLAUME.

Ça devient intolérable... on ne balotte pas ainsi toute une famille... et surtout une famille... où il y a des parens.

LA MÈRE BRICHARD.

Je veux savoir, enfin, pourquoi vous vous obstinez à refuser ?

SCENE XIII.

LES MÊMES, LE BRIGADIER GOBELOUP, des papiers à la main.

LE BRIGADIER.

Je vais vous le dire : « Louise Duval, condamnée pour vol à trois ans de prison, et à cinq ans de surveillance. » (Effroi général.)

GUILLAUME, à part.

Oh ! mon Dieu ! qu'est-ce que je viens de faire là !..

LE BRIGADIER.

Louise Duval, vous avez rompu votre ban ; vous avez quitté la résidence de Melun, où vous étiez en surveillance : je dois vous arrêter.

LOUISE.

Et pourtant j'ai expié ma faute, j'ai subi ma peine ! O ! mon enfant !

REPRISE DU FINALE.

CHOEUR.

Quelle surprise extrême !

Voilà donc son secret !

Tandis qu'en ces lieux chacun l'aime,

La honte l'attendait !

TOUS et JULIEN.

Pour eux / nous plus d'espérance !..

Le sort plein de rigueur,

Livre son existence

A la honte, au malheur !

LOUISE.

Pour moi plus d'espérance !

Le sort plein de rigueur,

Livre mon existence

A la honte, au malheur !

Louise tombe évanouie entre les bras de la mère Brichard et de Julien. — Le rideau baisse.

FIN DU PREMIER ACTE.

ACTE II.

La chambre de Louise, à Melun. A droite, la porte d'un cabinet; à gauche, une fenêtre. Au fond, une cheminée, et une porte donnant sur l'escalier.

SCÈNE I.

LOUISE, près du cabinet de son enfant, et lui parlant.

Oui, mon ami, oui, bientôt tu auras à déjeuner; tu sais bien que nous n'avons pas d'argent, et ce n'est pas encore l'heure où je dois en aller recevoir à la fabrique. Pauvre enfant! souffrant, malade, il n'a pas mangé depuis hier, et la journée est avancée... Tâche de dormir encore un peu... je reviendrai bientôt. (Elle ferme doucement la porte du cabinet.)

SCENE II.

LOUISE, ADÉLAIDE.

ADÉLAIDE.

Bonjour, Louise; comment ça va-t-il aujourd'hui? dis-donc, tu ne sais pas, je viens t'emprunter dix francs!..

LOUISE.

Dix francs! eh! mon Dieu! Adélaïde, comment pourrais-je vous les donner? je n'ai pas même de quoi acheter du pain, pour mon enfant!

ADÉLAIDE.

En vérité! comment, toi, une femme qui travaille!..

LOUISE.

Voilà huit jours que je suis sans ouvrage. Ramenée à Melun, après avoir subi trois nouveaux mois de prison pour avoir rompu mon ban de surveillance, j'ai cherché du travail; repoussée par tout le monde, j'avais enfin été reçue par pitié dans une fabrique; mais le chef a fait faillite, et me voilà sans ressources!

ADÉLAIDE.

C'est-il possible? une bonne enfant comme toi, et pas un sou! oh! tiens, je me battrais, quand je pense qu'hier, avec la grande Victoire, nous avons dépensé un argent fou! Pauvre Louise! nous étions plus heureuses que ça en prison!.. Aussi il y a quinze jours, quand on m'a libérée, pourquoi que t'as fait la fière? j'avais trois cents francs de retenue, cinq sous par jour pendant trois ans; j'ai voulu t'en prêter, tu m'as refusée!..

LOUISE.

Je travaillais alors... Mais on me doit encore une semaine, ainsi qu'aux autres ouvriers, et c'est aujourd'hui que les syndics doivent nous payer.

ADÉLAIDE.

Une semaine! six fois quinze, quatre livres dix! tu seras bien lotie avec ça! Louise, ma chère amie, je te l'ai toujours dit; le travail, c'est d' la bêtise!

AIR.

C'est si bon d' courir les champs,
De n' rien fair', comme' bien des gens!
C'est dommage, à dix-huit ans,
De n' pas avoir de bon temps!
J' suis aimabl', gentille et brune;
Par malheur j' n'ai pas de fortune!
Un mari qui m'en donn'rait,
Dieu! comm' ça m'irait!
Tra, la, la, tra, la, la!

Que d' femm's dans d' riches landaux,
Étal'nt de brillans cadeaux,
Dentell's, cachemir's des plus beaux!
J' n'ai qu'un mérinos sur l' dos
Si jamais j' roule en calèche

Comm' j' ferai ma pie-grièche !
C'est pour le coup qu'on verra
Quel air on s' donn'ra !
Tra, la, la, tra, la, la !

LOUISE.

Adélaïde !.. de pareilles idées !..

ADÉLAIDE.

Je sais ce que tu vas me dire; moi aussi, j'aurais aimé le travail, j'aurais fait un sujet charmant, mais que veux-tu ?.. J'avais quinze ans quand j'ai fait ma première prison... je la méritais... Qu'est-ce qu'on fait ? on me met avec des femmes qui avaient fait dix années ! il y en avait une, la grosse Mimi, qui m'a appris des tours !.. je serais déjà pendue, si je l'avais écoutée : mais j'étais comme toi; à cette époque-là, j'avais le cœur neuf, et puis nous avions un aumônier, un brave homme; grace à lui, je me suis tenue. V'là donc que j' sors ! il m'avait fait promettre de travailler; aussi je cherche de l'ouvrage... on me repousse, on me maltraite... Je voyais des belles dames qui s'écriaient : Moi, occuper cette fille qui sort de prison, une libérée, par exemple !.. J'y ai mis de la patience tant que j'ai pu !.. et puis il faut tout dire, je n'aime pas le travail... V'là qu'un beau jour, je rencontre une ancienne camarade, pomponnée dam ! fallait voir... Je lui demande comment elle fait ? elle me cite la morale de la grosse Mimi... Tiens ! au fait, que je dis, allons donc !.. Depuis ce temps-là, je ne me gêne plus, et si tu m'en croyais...

LOUISE, avec indignation.

Assez, assez, Adélaïde !..

ADÉLAIDE.

Dam ! il faut te décider... Ah ! dis donc, le nouveau directeur de la maison centrale, qui est arrivé, il y a huit jours, et qui demeure dans la maison en face, en attendant que l'autre soit déménagé... il donne ce soir une fête d'installation... ça serait superbe de lui rendre une visite incognito !

LOUISE, indignée.

Je ne veux plus rien entendre... Laissez-moi... Le séjour des prisons vous a perdue, et vous voulez me perdre à mon tour ! c'est en vous entendant que je vois toute l'étendue de l'abîme où je suis tombée, car vous êtes devenue mon amie !

ADÉLAIDE.

Dis donc, dis donc, mais tu fais bien ta fière ! il me semble que tu as été condamnée aussi, et à coup sûr, ce n'est pas pour avoir mis à la caisse d'épargne !

LOUISE.

Oui, j'ai été condamnée, mais, puisque vous m'y forcez, je vous dirai tout ! vous jugerez ensuite, si, malgré mon malheur, je n'ai pas le droit de repousser vos propositions !

ADÉLAIDE.

On ne te force pas, après tout !

LOUISE.

Il y a huit ans, j'étais à Paris, seule, orpheline, mais libre, heureuse, car je vivais de mon travail ! dans la maison du faubourg St-Jacques, où j'occupais une petite chambre, demeurait aussi un jeune homme, il venait d'être reçu avocat, j'eus la faiblesse de croire à son amour, à ses sermens...

ADÉLAIDE.

Pauvre innocente, un serment de la rue St-Jacques !

LOUISE.

Il devait m'épouser, m'emmener dans sa province. Le jour fixé pour notre départ, il ne vient pas; je descends, je frappe à sa porte, point de réponse ! surprise, inquiète, je m'informe, j'interroge les gens de la maison ; on me répond qu'il est parti dès le matin, avant le jour.

ADÉLAIDE.

C'est toujours c't' heure-là qu'ils choisissent !..

LOUISE.

Parti, m'écriai-je !.. oui, pour Rennes où il est rappelé par son père !.. et pas un mot pour moi ! pas une lettre !.. A tout hasard, j'écris à Rennes ! pas de réponse ! ah ! plus de doute, il m'avait trahie, il m'abandonnait !.. bientôt j'allais devenir mère !..

ADÉLAIDE.

Ah !.. diable de rue St-Jacques !

LOUISE.

Dans mon désespoir, je résolus d'aller le rejoindre ; mais comment faire un si long voyage? j'étais sans ressources! n'importe, ce désir devint chez moi une idée fixe; je travaillai nuit et jour pendant trois semaines, je me refusai tout! Enfin, j'avais amassé de quoi partir, lorsque je tombai malade; la fièvre, le délire s'emparèrent de moi, et, bientôt, je vis s'épuiser mes faibles épargnes! à peine rétablie, je travaillai chez un banquier; je demandai une avance sur mon travail et la permission de m'absenter quinze jours... j'éprouvai un refus... Affaiblie par tant de souffrances, toujours possédée de cette idée de départ, la tête perdue... je cédai à une horrible tentation! Dans cette riche maison, je voyais souvent étalées devant moi, des piles d'argent! ce qu'on m'avait refusé... je le dérobai; et j'en demandai pardon à Dieu!.. car, je le jure, je voulais le rendre à mon retour! avant mon départ, je fus arrêtée, condamnée, je ne me plaignis pas, j'étais coupable, et pourtant quelque chose me disait au fond de l'âme que je n'avais pas mérité tant de malheur, que je pourrais un jour me relever de cette faute, car, je l'avais commise pour revoir encore une fois l'homme qui m'avait trompée, et pour donner un père à mon enfant!..

ADÉLAIDE.

Allons, allons, prends courage, car enfin, on ne sait pas ce qui peut arriver. Et ce Julien dont tu m'as si souvent parlé, à qui tu as écrit?

LOUISE.

Oui, je lui ai écrit tout ce que je viens de vous apprendre, pour me justifier seulement, et non pour chercher à le revoir... Ah! sans doute, il me méprise toujours!.. je n'ai plus qu'un espoir :

AIR : Je n'ai pas vu ce bosquet de lauriers.

Mon pauvre Ernest près de moi grandira!
Malgré mes soins et malgré mon silence,
Sans doute un jour, hélas! il connaîtra
Et mon opprobre et ma longue souffrance!
Puisse le ciel protéger mon enfant!
Et mois puissé-je, après tant de misère,
(C'est mon seul vœu, mon seul but maintenant)
Le voir heureux, et puis mourir... avant
Qu'il ait pu rougir de sa mère!

ADÉLAIDE.

Ah bah! le diable ne sera pas toujours à notre porte! tu ne sais donc pas? j'ai fait une connaissance superbe! comme je n'ai rien à faire, je me promène toute la journée, et puis, j'ai besoin d'air! j'ai rencontré un bon garçon, bien réjoui, qui m'a trouvé gentille, à ce qu'il paraît, et qui est à Melun depuis quelque temps pour affaire; c'est un homme établi, il m'a demandé la permission de me faire une visite, et j'ai pensé que tu ne dirais rien, si je le recevais ici...

LOUISE.

Comment, chez moi!..

ADÉLAIDE.

Oui, j'aime mieux ça que chez ma propriétaire...elle est si bavarde! et si elle découvrait le fin nœud, ça me ferait peut-être du tort.

LOUISE.

Puisque vous attendez une visite, je vous laisse seule : je n'aime pas me trouver avec des étrangers, et je profiterai de ce temps pour aller chercher l'argent qu'on me doit et dont nous avons tant besoin. (Elle va ouvrir la porte du cabinet où repose son enfant.) Il dort... Adélaïde, ne l'éveillez pas! (Elle sort.)

SCENE III.

ADÉLAIDE, seule.

Bonne mère, va! quel dommage qu'elle ait des préjugés! on en ferait quelque chose... Ah! ça, mon bel étranger va venir, il trouvera peut-être drôle que je ne le reçoive pas chez moi; ma foi, je lui ferai un conte! Voyons, voyons, rangeons un peu l'appartement; il est joli, le mobilier! et pas d'feu! justement aujourd'hui, il fait un froid de loup! ah bah! un amoureux, c'est toujours brûlant! J'entends monter, c'est lui! voici l'instant de déployer toutes mes grâces naturelles!

SCÈNE IV.

GUILLAUME, ADÉLAIDE.

GUILLAUME.

C'est-t-il ici?..ah! oui... Mlle Adélaïde, j'ai bien l'honneur d'être le vôtre...

ADÉLAIDE.

Je suis bien vot' servante, monsieur... monsieur... je ne sais pourtant pas encore votre nom!

GUILLAUME.

C'est tout simple, vous ne le savez pas, parce que je ne vous l'ai pas dit; je m'appelle Guillaume Lamoureux, pour vous servir!

ADÉLAIDE.

Tiens! l'amoureux, ah! que c'est drôle!

GUILLAUME.

Ça se trouve bien, n'est-ce pas; car, je le suis joliment de vous, allez!

ADÉLAIDE.

Trop honnête! je vous demande bien pardon si je ne vous reçois pas chez moi! nous sommes ici, chez une mes amies! mes parens sont en voyage, et vous comprenez... une femme seule!

GUILLAUME.

Ah! certainement. (A part.) Touchante pudeur!

ADÉLAIDE.

Et puis, on met notre appartement en couleur! (A part.) En voilà une fameuse!

GUILLAUME.

Permettez-moi, Mlle Adélaïde, de vous regarder. C'est étonnant comme vous me plaisez! vous avez un air franc, un air loyal; enfin l'honnêteté est peinte sur votre figure!

ADÉLAIDE, minaudant.

Eh! eh! M. Guillaume, vous êtes physionomiste!

GUILLAUME.

Oh! ça, je ne me trompe jamais, et c'est précieux! en vous voyant, je m'suis dit tout de suite: v'là une femme qui me consolera! car j'ai eu de fiers chagrins de cœur! mais vous v'là, j'oublie tout, excepté un gros remords que j'ai toujours-là!..dites-moi que vous serez ma compagne, mon amante: n'est-ce pas que vous serez mon amante?

ADÉLAIDE, offensée.

Votre épouse! si mes parens le permettent!

GUILLAUME.

Ils le permettront! je suis un homme comme il faut, je suis venu à Melun pour un héritage: je me jetterai, s'il le faut, à leurs pieds, je leur dirai: ne me la refusez pas, ou je fais un malheur; Adélaïde, c'est un trésor dont je suis avide!..on n'a jamais vu un homme énivré comme je le suis. (Il tape ses bras l'un dans l'autre pour se réchauffer.) et qui ait le cœur plus brûlant!.. Faites pas attention, j'ai l'onglée.

ADÉLAIDE.

Là! voyez, et pas de feu.

GUILLAUME.

Ça ne fait rien...Vot' fille, je la veux, je l'exige! bénissez-nous, honorables parens, et nous prendrons soin de charmer votre vieillesse!

ADÉLAIDE.

Mon cher Guillaume!.. comme il s'enflamme!..

GUILLAUME, continuant de s'échauffer.

Et pourtant, il fait onze degrés, aujourd'hui.

ADÉLAIDE.

Guillaume, vous êtes un être charmant... je vous autorise à me faire la cour.

GUILLAUME.

Oh! femme ravissante!

A[illegible]

Avec vous je s'rai comme un prince,
Avec vous je s'rai comme un roi
Avec vous dans notre province
Tout l' mond' sera jaloux de moi
Avec vous j' [illegible] délire

J' vais être envié, j' vais être admiré!
Enfin, je ne peux pas vous dire
Tout ce qu'avec vous je serai!

ADÉLAIDE.

Sitôt qu'elle sera rentrée, je vous présenterai à mon amie, Louise Duval.

GUILLAUME, transporté d'étonnement.

Louise Duval! votre amie, c'est Louise Duval? .

ADÉLAIDE.

Certainement, et nous sommes ici chez elle.

GUILLAUME.

Nous sommes chez Louise Duval!

ADÉLAIDE.

Eh bien! oui, quoi!

GUILLAUME, jetant son chapeau en l'air, et dans la plus grande joie.

Louise Duval!

ADÉLAIDE.

Ah ça, qu'est-ce qui lui prend?

GUILLAUME.

C'est le chagrin de cœur en question, le remords qui m'étouffait... Ah! mon Dieu! ce pauvre Julien, va-t-il être content!

ADÉLAIDE.

Comment, vous connaissez M. Julien?

GUILLAUME.

Je crois bien, c'est mon cousin... Louise Duval!

ADÉLAIDE.

Ah ça! voyons, voyons, calmez-vous!

GUILLAUME.

Ce bon Julien qui m'avait tant chargé de la chercher, et moi qui ne la trouvais pas!.. en voilà-t-il une chance? il va arriver aujourd'hui, car il ne pouvait plus y tenir, surtout depuis cette lettre qu'elle lui a écrite, une fameuse lettre, allez, où ce qu'elle racontait tout; la mère Brichard l'a lue à tout le village, tout le monde a pleuré, jusqu'au brigadier Gobeloup! en voilà une preuve d'innocence! faire pleurer un gendarme! elle peut revenir dans not' village, allez, ça sera une fête pour tout le pays!

ADÉLAIDE, à part.

Faire pleurer un gendarme! je n'ai jamais pu en faire autant.

GUILLAUME.

Ah! tenez, je vous aime de plus en plus!.. c'est-il joli de vot' part? une femme qui a vos principes, s'être attachée à une pauvre brebis égarée!

ADÉLAIDE.

Eh! mon cher ami, ce sont de ces faiblesses que je comprends très bien. (S'inclinant avec humilité.) Moi-même, malgré la haute opinion que vous avez de moi, je serais capable d'en faire autant; j'en ferais peut-être cent fois davantage!

GUILLAUME.

Écoutez, v'là une idée qui me vient! Julien à cette heure doit être arrivé à l'auberge, je vas le chercher... Louise ne se doute rien, il y a une chose charmante à faire!.. faut la surprendre, ainsi pas un mot de notre arrivée! silence!.. Julien et moi, nous allons revenir, et comme ça ne m'a pas l'air très calé ici, nous apporterons de quoi faire un dîner splendide. du vin, un pâté, un gigot, et surtout un fagot, car je n'osais pas vous le dire, je craignais de vous paraître froid; mais il gèle ici!.. Pauvre Louise, c'est moi qui l'ai affligée, je veux lui procurer une explosion de surprise et de bonheur!

ENSEMBLE.

Air :

GUILLAUME.	ADÉLAIDE.
Silence, ma chère!	Je saurai me taire!
Bientôt en ces lieux,	Bientôt en ces lieux,
Nous allons, j'espère,	Nous allons, j'espère,
Etre tous heureux!	Etre tous heureux! (Guillaume sort.)

SCÈNE V.

ADÉLAIDE, seule.

Voyez un peu ce que c'est que les événements!.. qu'est-ce qui aurait dit ça, il y a une heure? ça me fait plaisir pour Louise, et puis pour moi... le jeune homme a la tête montée! ça peut devenir sérieux... c'est qu'il se fait une idée de ma personne!.. il m'épousera, c'est sûr; je n'ai fait qu'y songer toute la nuit!

AIR : Ah! le beau rêve que j'ai fait! (MICHELINE.)

Ah! le beau rêve que j'ai fait!
Je me voyais dans mon ménage;
J'étais heureuse, j'étais sage;
C'était un changement complet! (ter.)
Au bras d'un mari, toute fière,
Je passais droit' comme un piquet
D'vant monsieur l' préfet, monsieur l' maire,
Et même devant le commissaire!
Ah! le beau rêve que j'ai fait! (3 fois.)

Tiens! et moi qui oubliais cet enfant! il est peut-être éveillé, ce chéri!

(Elle entre dans le cabinet où est Ernest.)

SCENE VI.

JULES DE BRÉMONT, entrant par le fond; puis ADÉLAIDE.

JULES, seul.

C'est bien ici le logement qu'on m'a indiqué. En parcourant dans mon cabinet diverses notes de mon prédécesseur, j'ai trouvé le nom de Louise Duval, en surveillance à Melun! serait-ce elle?.. Louise Duval, si pure, si honnête! pendant ce voyage que je fis pour obéir à mon père, et que je me reproche toujours, aurait-elle donc subi la honte d'une condamnation?.. il faut absolument que je m'assure...

ADÉLAIDE, sortant du cabinet.

Ah! mon Dieu! que veut ce monsieur?

JULES, la saluant.

Mademoiselle!

ADÉLAIDE, avec prétention.

Monsieur. (A part.) Dieu! quel bon genre! il est encore plus bel homme que Guillaume. (Haut.) Monsieur, à qui ai-je l'honneur de parler?..

JULES.

Je suis le directeur de la maison centrale!

ADÉLAIDE, reculant effrayée.

Monsieur, monsieur... j'ai bien l'honneur... de vous saluer, monsieur!

(Elle prend une attitude très humble.)

JULES.

N'est-ce pas ici que demeure Mlle Louise Duval?

ADÉLAIDE.

Oui, monsieur, elle demeure ici... avec son enfant..

JULES, à part.

Son enfant! (Haut.) Vous êtes son amie?

ADÉLAIDE.

Oui, monsieur!

JULES.

Depuis long-temps?

ADÉLAIDE.

Depuis quatre mois. Je l'ai connue... nous étions renfermées... nous habitions ordinairement une grande manufacture, où nous établissions des camisoles, des chapeaux de paille, et des sabots.

JULES.

Ce n'est pas à Paris que vous l'avez connue?..

ADÉLAIDE.

Non, monsieur, non... à cette époque, on venait de me mettre en pension, je commençais mon éducation... Ah! monsieur, la pauvre fille! je connais toutes ses aventures... une horreur d'homme, un scélérat, qui était avocat!

JULES, à part.

C'est Louise, c'est bien elle!

ADÉLAIDE.

Cet homme à qui elle avait donné son avenir, sa jeunesse...car c'est vrai, ca me révolte, moi, un avocat!.. c'est donc comme ça qu'il apprenait la justice! oui, monsieur, il eut l'infamie de l'abandonner, lorsqu'elle portait dans son sein, la malheureuse, un pauvre petit enfant.

JULES, à part.

Ciel!

ADÉLAIDE, continuant.

Qui est là... malade, souffrant! (Jules va pour s'avancer, Adélaide le retenant.) Il dort... (A part.) Voudrait-on lui prendre son enfant?

JULES, tirant sa bourse.

Tenez! pour cet enfant... pour sa mère...

ADÉLAIDE, refusant.

Du tout, du tout, monsieur; il s'est trouvé heureusement de bonnes âmes, tout le monde n'est pas comme son père! Des braves gens, de bons ouvriers vont lui apporter des secours; car avant ce soir, il serait peut-être mort de faim!

JULES.

Ah! grand Dieu!

ADÉLAIDE.

Et quand je pense que c'est pour aller rejoindre celui qui l'abandonnait, pour donner un père à son enfant, qu'elle a volé de quoi payer sa place à la voiture, une misère! ça fend le cœur.

JULES.

Mademoiselle, dites à Louise Duval qu'elle a trouvé un protecteur qui veillera désormais sur elle; dites-lui que demain matin, à dix heures, je serai ici, qu'il faut absolument que je lui parle. (A part.) D'ici là, j'aurai trouvé le moyen d'assurer son avenir, celui de son enfant, et de lui faire quitter cette ville (Haut.) Adieu, mademoiselle. (Il sort.)

SCENE VII.

ADÉLAIDE, seule.

Voyez-vous ça? un protecteur! on sait ce que ça veut dire! et un homme dans sa position!..il aura trouvé Louise jolie, il l'aura vue de sa fenêtre... un homme marié!.. car on m'a dit qu'il était marié...Pourquoi ne l'invite-t-il pas tout de suite au bal qu'il donne ce soir? v'là que ça s'illumine!..Ah ça! mais où irons-nous, si la justice s'en mêle? je n'ai encore vu qu'un guichetier qui ait voulu me faire la cour; je lui ai promis d'être sensible, mais dehors... Tout de même, si j'avais pris l'argent qu'il vient de m'offrir, ça l'engageait cette petite, et M. Julien qui va venir, ce bon M. Julien qui l'aime tant!.. ça vaut mieux celui-là... Allons, voilà surtout une visite dont je me garderai bien de lui parler! deux secrets à garder : primo, que Julien est à Melun, et qu'il va venir ici avec Guillaume! secondo, qu'elle a donné dans l'œil à monsieur le directeur. Je n'aurai jamais le courage de me taire : aussi pour être bien sûre de ne pas parler, je vais m'enfermer dans cette chambre jusqu'à l'arrivée de ces messieurs, et me bichonner de manière à tourner la tête à M. Guillaume.

(Elle entre dans la chambre à gauche.)

SCENE VIII.

LOUISE, entrant du fond.

Personne ici! qu'est devenue Adélaide, et cette visite qu'elle attendait?.. Oh! mon Dieu! je viens de la fabrique... les créanciers se sont partagé le peu qui restait, et c'est à peine si on a trouvé de quoi payer les ouvriers! les plus hardis se sont présentés, les hommes d'abord... et moi, pauvre femme... quand je me suis approchée... on m'a repoussée... renvoyée... en me disant qu'il ne restait plus rien. Désespérée, je suis allée m'offrir à d'autres maîtres, j'ai demandé quelques secours en avance sur mon travail; partout on m'a refusé, on m'a reproché ma position... Et mon enfant, que va-t-il devenir? (Elle va près du cabinet où est son fils.) Ernest... Ernest... il est éveillé.

SCÈNE IX.

LOUISE, ERNEST.

ERNEST.

Maman... j'ai faim, j'ai froid.

LOUISE.

Pauvre enfant!..rien, rien... tout le monde m'abandonne, il faut donc qu'il meure...

ERNEST.

Non, maman, n'aies pas peur... Pour ne pas te faire de peine, je ne voulais pas te le dire, mais j'ai bien mal, tu m'avais promis de me rapporter quelque chose...

LOUISE, à part.

Que lui répondre? je n'ai rien! les hommes sont cruels, sans pitié; ils me refusent tout, jusqu'à du travail... (Ernest faiblit et semble prêt à se trouver mal.) Oh! mon Dieu! il pâlit, ses mains sont glacées.

ERNEST.

Ce n'est rien, maman, ce n'est rien.

(Louise essaye de le réchauffer dans ses vêtemens. Cherchant autour d'elle.)

LOUISE.

Et plus de ressources! rien à vendre! j'ai tout épuisé... (Elle aperçoit l'anneau qu'Ernest porte à son doigt.) Ah! cette bague... il est sauvé!..

ERNEST.

Ma bague!..

LOUISE.

Oui, donne, donne, tu vas avoir du pain...Mais cet anneau...

ERNEST.

Tu m'as dit de le garder... il vient de mon papa.

LOUISE.

Qu'allais-je faire? pauvre ami, comme il sait souffrir!.. (Elle regarde autour d'elle.) Que devenir!.. ô ciel! Adelaïde aussi m'abandonne... (On entend la musique du bal dans la maison voisine.) Oh!.. là, ils dansent, ils sont heureux! Si j'allais à cette fête, où règne le luxe et l'abondance, demander un peu de pain pour mon enfant, ils me repousseraient... Oh! mon Dieu! il pâlit encore... il va mourir... ma tête se perd, je deviens folle...Il s'est évanoui, la faim, le froid... non, Non, non Ernest, tu ne mourras pas!..

(Elle sort précipitamment.)

SCÈNE X.

ADELAIDE, ERNEST.

ADELAIDE.

Ah, ça! mais ils ne viennent pas! je m'ennuie, moi, là-dedans...Ah! ce pauvre petit, qu'est-ce qu'il a?..il a faim, ce pauvre cher ange...Ne pleure pas, mon chérubin... il va venir deux messieurs, qui vont t'apporter du pain, des confitures. Ça n'est pas étonnant, des pauvres petits êtres comme ça... je me sens bien l'estomac tout drôle... Ah! les voilà, les voilà!..

SCÈNE XI.

ADELAIDE, GUILLAUME, JULIEN, ERNEST.

(Guillaume porte un fagot sous un bras; sous l'autre, des bouteilles de vin; il tient à la main un panier qu'il pose sur la table.)

GUILLAUME, à Julien.

Par ici, par ici, nous y voilà!..

JULIEN.

Où est-elle, cette chère Louise, où est-elle?..

ADELAIDE.

Elle ne va pas tarder à rentrer, car elle est sortie depuis ce matin.

ERNEST.

Maman est venue.

ADELAIDE.

Tiens! je ne l'ai pas entendue...j'étais si occupée de mes accroche-cœur qui n'allaient pas!.. (Elle va prendre un gâteau sur la table et le donne à Ernest.)

GUILLAUME.

Mon cher Julien, je te présente Mlle Adelaïde, le trésor de grâce et de vertu dont je t'ai parlé si avantageusement.

ADELAIDE, saluant.

Monsieur... enchantée, ravie... (A part.) Trésor de vertu!..

JULIEN.

Mais que fait Louise? je suis si impatient de la revoir!..

ADELAIDE.

Elle en sera bien contente aussi; mais ne perdons pas un instant... il faut que la surprise soit complète; mettons vite le couvert!

GUILLAUME.

Vite, vite... Julien, viens nous aider.

ADELAIDE.

Laissez-le donc! vous voyez bien qu'il embrasse ce petit! ça lui fait du bien à ct' amour! il y a si long-temps qu'excepté sa mère, personne ne lui a fait de caresses...

JULIEN, remarquant que l'enfant a froid.

Guillaume, du feu... tout de suite.

GUILLAUME.

A l'instant... Pauvre petit, si peu couvert au mois de décembre!.. sois tranquille, je t'apporterai demain du bouracan...

ADELAIDE.

A table, à table!.. Va-t-elle être étonnée!.. (Tous se placent à une table abondamment garnie; le feu brille dans la cheminée.) C'est elle; je l'entends... chut!.. chut...

SCENE XII.

LES MÊMES, LOUISE.

(Pâle, l'air égaré, elle tient d'une main un riche manteau, de l'autre, un pain: elle reste stupéfaite au tableau qui s'offre devant elle.)

JULIEN.

Louise, c'est moi... c'est Julien!

GUILLAUME.

C'est moi, c'est Guillaume, Mlle Louise!

ADELAIDE.

Tu vas être heureuse; tu ne manqueras plus de rien, ni toi, ni ton enfant!..

GUILLAUME.

Je vous ai fait bien du mal, Mlle Louise, mais tout est réparé!

JULIEN.

Oui, Louise, je suis à toi, à toi pour toujours! oublie le passé, je viens t'épouser!

LOUISE.

Malheureuse! il n'est plus temps... (Surprise de tous.)

JULIEN.

Que veux-tu dire?

LOUISE.

Tu es venu trop tard, Julien!

TOUS.

Explique-toi!

LOUISE.

Mon enfant mourait de faim... de froid! ce manteau, ce pain, je l'ai pris!

JULIEN.

O ciel! si vous avez été aperçue... sauvez-vous!..

ADELAIDE, courant à la fenêtre.

Impossible, les municipaux sont en bas, ils y étaient pour le bal, ils n'ont eu que la rue à traverser... Un flagrant délit, ma chère.

JULIEN.

Mon Dieu! mon Dieu!..

ADELAIDE.

Ah! quelle idée!.. (Prenant le manteau.) J'emporte la preuve du délit!..

JULIEN.

Mais comment ?..

ADELAIDE.

Par cette fenêtre !..

LOUISE.

Au nom du ciel, tu vas te tuer !..

ADÉLAIDE.

Laisse donc, ça donne sur une terrasse. (Elle s'échappe par la croisée.)

GUILLAUME, à la porte au fond.

Les voici, ils montent !..

LOUISE, serrant son enfant dans ses bras.

O mon Dieu ! protége-nous...

(On voit les gardes paraître sur l'escalier.)

FIN DU DEUXIÈME ACTE.

ACTE III.

Le cabinet du juge d'instruction. Au fond, une porte à deux battans. A droite, porte conduisant au greffe. A gauche, une porte secrète.

SCENE I.

UN HUISSIER, rangeant des papiers sur la table du juge d'instruction.

Hâtons-nous de ranger les papiers de monsieur le juge d'instruction. C'est sans doute ce matin qu'on va lui amener les prévenus du vol commis hier chez monsieur le directeur de la maison centrale ; il y avait long-temps que nous n'avions exercé pour le compte de la ville. On nous adressait toujours des accusés renvoyés devant le tribunal de Melun ; mais cette fois le délit a été commis intrà-muros, et quelle audace ! chez un directeur de prison !

SCENE II.

LE JUGE D'INSTRUCTION, L'HUISSIER.

LE JUGE.

M. le substitut est-il arrivé ?

L'HUISSIER.

Non, monsieur le juge.

LE JUGE.

J'aurais pourtant besoin de causer avec lui ; cette affaire l'intéresse.

(L'huissier sort.)

SCENE III.

LE JUGE, seul.

Il faut convenir que le coup est hardi. Voilà ce qu'on y gagne à donner des fêtes, des soirées : chez moi, il ne se commet pas de vols ! je ne reçois jamais. Mais M. de Brémont, à peine arrivé de Rennes, où il était un petit avocat, nommé directeur de la maison centrale, cherche à briller ici, à donner le ton. S'il faut s'en rapporter aux médisans, M. de Brémont a eu une jeunesse très orageuse, et je serais tenté d'en croire quelque chose ; témoin certaine lettre à lui adressée, et que j'ai trouvée dans une liasse de rapports qu'il m'adressait. Quelle inconséquence ! laisser des lettres d'amour dans un dossier de parquet ; il est vrai que la date de cette lettre est assez éloignée, une ouvrière, une grisette qui lui reprochait sa légèreté, son inconstance. Je sais bien que de pareilles erreurs ne sont pas irrémissibles ; mais quand on occupe un poste aussi grave, on devrait anéantir de tels écrits, ou, du moins, cacher avec plus de soin d'aussi dangereux confidents du passé. Que M. de Brémont y prenne garde ! Mais le voici !

SCENE IV.

LE JUGE D'INSTRUCTION, JULES DE BRÉMONT.

LE JUGE.

Ah! vous arrivez on ne peut mieux! monsieur le procureur du roi m'a donné avis que nous allions ce matin travailler pour votre compte.

JULES.

En vérité, monsieur, je regrette qu'on ait donné suite à cette affaire: dans le tumulte de la fête, j'ai bien été informé de cet événement; le peu d'importance du vol m'avait déterminé à ne pas réclamer; et je déplore qu'on n'ait pas eu égard à ma prière!

LE JUGE.

Vous avez tort; nous faisons assez souvent rendre justice aux autres. pour ne pas nous la refuser, quand cela nous regarde!

JULES.

Je n'ai pas même demandé le nom du coupable... (Il tire sa montre, à part.) Dix heures! l'heure à laquelle je dois me rendre chez Louise! (Haut.) J'étais venu, monsieur, vous prier de me rendre un service: une jeune femme, en surveillance dans cette ville, et dont la conduite et le repentir ont vivement intéressé ceux qui la connaissent, m'a été particulièrement recommandée. J'avais préparé un recours en grâce, et j'ai déjà obtenu les signatures de tous les membres de ce tribunal; il ne me manque plus que la vôtre, et je viens réclamer de vous cet acte de générosité. En obtenant que cette infortunée soit affranchie de la surveillance, elle pourra se rendre à Paris, où des moyens d'existence lui sont assurés. C'est une surprise et une consolation que je lui prépare!

LE JUGE.

Je reconnais, monsieur, votre bienveillance ordinaire. Trop de signatures recommandables se trouvent au bas de cet acte pour que je refuse d'y apposer la mienne. Comment! monsieur le préfet! le général! monsieur le président!

JULES.

On a bien voulu s'en rapporter à mon témoignage et me donner cette preuve de confiance. J'ai recueilli ces signatures à ma soirée d'hier où j'ai regretté votre présence...

LE JUGE.

Ah! pardonnez-moi!.. je n'aime pas les fêtes, les bals!.. je trouve que la magistrature et la danse...

JULES, lui présentant le papier.

Ainsi, monsieur, vous consentiriez?..

LE JUGE.

Donnez, monsieur, donnez; je serai trop heureux de contribuer à une bonne action. D'ailleurs, la justice n'y perdra rien, car tandis que chez vous on lui dérobait un coupable, elle en retrouvait un autre à l'instant. (Lisant.) « La nommée Louise Duval... (A part.) Il me semble que ce nom était celui de cette ouvrière, Oui, sans doute... au bas de cette lettre...

JULES, à part.

Qu'a-t-il donc?

LE JUGE, signant.

Je signe, monsieur, je signe aveuglément. (A part.) Ceci me paraît singulier.

SCENE V.

LES MÊMES, L'HUISSIER.

L'HUISSIER.

Monsieur, on vous amène les prévenus; voici le procès-verbal d'arrestation.

LE JUGE.

Donnez! (L'huissier sort. Parcourant le procès-verbal.) Voilà qui devient de plus en plus extraordinaire.

JULES.

Quoi donc, monsieur?

LE JUGE, lui passant le papier.

Lisez les noms des prévenus!

JULES, lisant.

Julien Brichard, Guillaume Lamoureux, (Avec le plus grand trouble.) Louise Duval!

LE JUGE, l'observant et à part.

Il est bien troublé!.. (Haut.) Convenez, mon cher monsieur, que cela est piquant. Celle pour qui vous vous intéressiez avec tant d'ardeur dans votre salon, vous en remerciait dans l'antichambre.

JULES, à part.

Quelle position, pour elle, pour moi, si elle me reconnait ici!

LE JUGE.

Je ne vous ferai pas mon compliment sur le choix de vos protégées! il est heureux pour nous tous que cette pièce, revêtue de tant de signatures que vous avez obtenues DE CONFIANCE, ne soit pas arrivée à sa destination.

JULES, déchirant la demande en grâce.

Ah! monsieur, n'augmentez pas mes regrets!

LE JUGE.

Savez-vous que le cas est grave? c'est un vol avec récidive!

JULES, à part.

La malheureuse!

LE JUGE.

Veuillez m'accompagner au greffe; j'ai besoin, pour procéder à l'interrogatoire, des pièces qui concernent Louise Duval.

JULES, à part.

Et je ne puis lui parler... la voir seule!..

LE JUGE, à part.

Ah! monsieur le directeur, il y a là-dessous quelque mystère que j'éclaircirai. (Il sonne. L'huissier parait.) Introduisez ici les prévenus; je reviens à l'instant... (L'huissier sort. Au directeur)) Venez-vous, M. de Brémont?

JULES.

Je vous suis. (Ils entrent à droite.)

SCENE VI.

L'HUISSIER, LOUISE, JULIEN, GUILLAUME, GARDES.

L'HUISSIER.

Par ici, par ici... Restez là, et attendez. (Aux gardes.) Placez-vous dans ce corridor, et ne vous éloignez pas. (Il sort avec les gardes.)

SCÈNE VII.

LOUISE, JULIEN, GUILLAUME.

GUILLAUME.

Voyons, ne pleurez donc pas comme ça, Mlle Louise; à quoi ça sert-il? est-ce que je pleure, moi?..

JULIEN.

Il a raison; ne pleurez pas, et surtout n'avouez pas votre faute.

LOUISE.

Et comment nier! quand les gardes qui m'ont arrêtée ont tous déclaré qu'ils m'ont vu fuir avec ce manteau.

GUILLAUME.

Mais on ne l'a pas trouvé, ce manteau, puisque cet ange de candeur, cette noble Adélaïde, a daigné s'en aller avec! Quel dévouement! une fille si bien élevée, se sauver sur les toits... Quelle belle nature de femme!

LOUISE.

Et mon pauvre Ernest!

JULIEN.

Tranquillisez-vous, puisqu'on vous a permis de l'envoyer chez Adélaïde!..

SCÈNE VIII.

LES MÊMES, L'HUISSIER.

L'HUISSIER, à Louise.

Il y a là une dame qui demande à vous parler.

LOUISE.

Une dame!.. son nom?

L'HUISSIER.

Mme de St-Phar.

TOUS.

Mme de St-Phar!..

L'HUISSIER.

Elle est autorisée par M. le greffier en chef; c'est sûrement quelque dame commissaire de notre société philantropique...

GUILLAUME.

Oh! quelle vienne; j'en ai besoin de philantropie!..

L'HUISSIER.

Mme de St-Phar, veuillez entrer. (Il sort après avoir introduit.)

SCÈNE IX.

LES MÊMES, ADÉLAIDE, en grande toilette.

TOUS.

Adélaïde!..

ENSEMBLE.

AIR : Ah! grand Dieu! quel bruit, quel tapage!

GUILLAUME, JULIEN, LOUISE.

Ah! grand Dieu! quelle extravagance!
En ces lieux se montrer ainsi!
C'est avoir par trop d'assurance!
Au plus vite, sortez d'ici!

ADÉLAIDE.

Amis, de mon extravagance,
De grâce, n'ayez nul souci,
Avec calme, avec assurance,
Je viens me présenter ici!

JULIEN.

Quelle imprudence!

ADÉLAIDE.

J'étais inquiète de vous; et puis, c'est du sang-froid, ça impose et comme dit le proverbe : AUDACIEUSE FORTUNÉ, JUVAL, la fortune vient de l'aplomb! Ah ça! mes pauvres amis, vous v'là donc pris avec elle.

GUILLAUME.

Comme dans une souricière! Ça n'est pas pour faire de la peine à Mlle Louise, mais elle sait que nous sommes innocens!

ADÉLAIDE.

Vous surtout, mon cher ami, vous êtes très innocent.

LOUISE.

Et Ernest?

ADÉLAIDE.

Il est chez nous; la personne chez qui je loge se charge d'en avoir soin... Ce pauvre trognon! il ne fait que te demander; il veut t'aller chercher, et on a toutes les peines du monde à l'en empêcher.

JULIEN, tirant sa bourse.

Pauvre enfant!.. tenez, payez d'avance sa pension.

ADELAIDE, à part.

D'avance, non, ça ferait du tort à l'enfant! ça tombe bien, je n'avais pas le sou. (Haut.) Mon cher Guillaume, mes parens sont de retour, ce qui vous explique ma métamorphose. (A part.) Ou plutôt ça ne lui explique rien du tout. (Haut.) Quant à toi, Louise, si on te renvoie là-bas, j'ai déjà fait prévenir les camarades, tu n'y resteras pas, on trouvera moyen de te faire évader. Maintenant, mes agneaux, je sors d'ici.

GUILLAUME.

Mlle Adélaïde, j' me connais, j'ai assez de bonheur pour qu'on ne me lâche pas! dans le cas où je serais victime d'une affreuse erreur, je vous demande un service. Allez-vous-en à Louviers, rue du Chat-qui-Prêche; vous y trouverez mon associé. Cachons-lui mon malheur; dites-lui que j'ai mal aux dents, ou n'importe quoi...Voici la clé de ma commode.

ADÉLAIDE, à part.

C'est bon à prendre.

GUILLAUME.

C'est là où est mon magot.

ADÉLAIDE, à part.

C'est bon à savoir.

GUILLAUME.

A gauche, sous mes bonnets de coton, vous trouverez ma patente de fabricant et mes quittances d'imposition... rapportez-moi tout ça, parce que avec mes papiers j'élèverai la voix! je dirai au gouvernement...

JULIEN.

C'est bien! assez. Guillaume; nous n'avons rien à craindre; ne songeons qu'à cette pauvre Louise. (A Adélaïde.) Veillez bien sur son enfant. (A Guillaume.) Et toi, lorsqu'on va nous interroger, ne manque pas de répondre tout ce que je t'ai dit!

GUILLAUME.

Sois tranquille... mais n'oubliez toujours pas, Mlle Adélaïde, ma patente et mes reçus de contributions! Quand il verra que je paie mes contributions, ça attendrira le gouvernement...

SCÈNE X.

LES MÊMES, L'HUISSIER.

L'HUISSIER.

Madame, veuillez vous retirer; voici monsieur le juge d'instruction.

ADÉLAIDE.

Adieu, mes amis, comptez sur ma bienfaisance. (A Guillaume.) Adieu, intéressant jeune homme!

AIR : Adieu donc, adieu, madame

Au revoir, de la justice
Ne redoutez pas les coups!
Le sort vous sera propice;
D'ailleurs je veille sur vous!
(A l'huissier.) Monsieur, je les recommande
A vos soins si généreux!
(Lui remettant une pièce.) Prenez cette faible offrande,
Et remplacez-moi près d'eux!

ENSEMBLE.

GUILLAUME, JULIEN.

Au revoir, de la justice
Nous ne craignons pas les coups!
Le sort nous sera propice;
Le ciel veillera sur nous!

LOUISE.

Seule ici, de la justice
J'ai mérité le courroux.
Que le ciel vous soit propice!
Je ne tremble que pour vous!

ADÉLAIDE.

Au revoir, de la justice, etc. (Elle sort.)

L'HUISSIER, après la sortie d'Adélaïde.

Une pièce d'or!

GUILLAUME.

Et moi qui n'ai rien d'elle, pas un souvenir! (A l'huissier.) Monsieur, vous serait-il égal d'échanger cette pièce contre quatre écus de cinq francs?

L'HUISSIER.

Bien volontiers!

GUILLAUME, prenant la pièce.

Chère Adélaïde... j'ai donc un gage!.. (Il embrasse la pièce.) Un souvenir!.. (Examinant tout-à-coup.) C'est un jeton, on l'aura trompée, on aura abusé de son innocence!

UN HUISSIER, annonçant.

M. le juge d'instruction!

LE JUGE, à l'huissier.

Priez monsieur le directeur de ne point s'éloigner; c'est chez lui que le vol a été commis, j'aurai besoin de sa déposition. J'interrogerai d'abord ces deux prévenus; conduisez Louise Duval dans ce cabinet.

(L'huissier emmène Louise.)

SCÈNE XI.

LE JUGE, JULIEN, GUILLAUME.

LE JUGE, à Julien.

Votre nom, votre âge et votre profession?

JULIEN.

Julien Brichard, âgé de vingt-un ans, ouvrier charpentier, domicilié au village de Saint-Brie, près Louviers.

LE JUGE, à Guillaume.

Votre nom?

GUILLAUME, à part.

J'ai une fièvre de cheval. (Haut.) Guillaume Lamoureux.

LE JUGE.

Votre état?

GUILLAUME.

Vingt-cinq ans... (Se reprenant.) Fabricant de bouracan.

LE JUGE.

Votre âge?

GUILLAUME.

Département de la Seine-Inférieure.

LE JUGE.

Remettez-vous. Vous êtes accusé de complicité dans le vol commis hier chez monsieur le directeur de la maison centrale.

JULIEN.

Nous sommes innocens.

GUILLAUME.

Comme deux agneaux.

LE JUGE.

Cependant, vous avez été arrêtés chez Louise Duval. et sans doute vous l'aurez aidé à faire disparaître la preuve du délit.

GUILLAUME, à part.

Diable de délit! le fait est qu'il a disparu.

LE JUGE.

Parlez.

GUILLAUME, bas.

Voyons, Julien.

JULIEN, bas.

Non, parle, toi; dis ce qui a été convenu; je n'aurais pas la force de mentir.

GUILLAUME.

Eh bien! alors, voilà ce que c'est. Je commence par mes papiers que j'ai montrés au commissaire: voici d'abord mon passe-port, «Guillaume Lamoureux, fabricant d'étoffes»; je vous demande un peu comment j'aurais été voler un manteau, moi qui en fabrique de mes propres mains. Pour preuve je montrerai si on l'exige, de chez moi, de Louviers, ma patente que j'ai envoyé chercher par une personne sûre; en attendant, voici de plus un billet de garde. «Le sieur Lamoureux se rendra le... etc.» Voilà! voilà qui est frappant! car les voleurs ne montent pas la garde, ça ne serait pas naturel; ils seraient donc obligés de s'arrêter eux-mêmes?.. ainsi, c'est clair, je suis un homme établi! mon cousin et moi nous connaissions Mlle Louise qui était venue dans not' pays, et comme je me trouvais à Melun pour un héritage, car vous pouvez demander au notaire qu'est sur la grande place, si je n'ai pas touché chez lui quatre cents francs de mon oncle Biquot, décédé, plus sa garde-robe, dont voilà un gilet!.. Qu'on le montre au peuple! et on dira, c'est un gilet du père Biquot, pas volé, un gilet d'héritage, car enfin si on veut me ravir ma liberté, si je suis une victime, qu'on le dise! on n'a pas idée de ça, oh, oh, oh! (Il pleure.)

JULIEN.

Guillaume, calme-toi.

LE JUGE.

Ne craignez-rien, expliquez-vous!

GUILLAUME.

Dame! c'est que la justice ça me gonfle, voyez-vous. Enfin, connaissant Louise d'ancien, nous sommes allés la voir, lui porter un tas de choses, du pâté, du vin de toutes sortes, avec un fagot. Des voleurs, ça emporte, mais ça n'apporte jamais. Alors, sitôt assis à table, v'là une femme qui ouvre la porte avec un manteau à sa main; elle s'élance vers la fenêtre ouverte, et se sauve par les toits... Voilà la vérité, j'en prends la nature à témoin! Mais ce n'est pas Louise, Louise! pauvre femme! Oh! monsieur le juge, renvoyez-la tout de suite, et je me charge de son avenir, quand Julien et moi nous devrions travailler toute notre vie!

LE JUGE, à part.

Il y a chez cet homme un accent de vérité. (A Julien.) Et vous, confirmez-vous la déposition de Guillaume?

JULIEN, avec embarras.

Oui... monsieur le juge.

LE JUGE.

Non seulement vous soutenez votre innocence, mais vous garantissez celle de Louise?

JULIEN, avec hésitation.

Oui... monsieur...

LE JUGE.

Vous paraissez troublé!

JULIEN.

Monsieur...

LE JUGE.

Vous ne dites pas la vérité!

JULIEN.

Je vous assure...

LE JUGE.

Jurez-vous devant Dieu, que ce que vient de dire Guillaume est exact?..

GUILLAUME, vivement bas à Julien.

Saperlote, nom d'un petit bonhomme, jure, Julien, jure!

LE JUGE.

Vous hésitez...

JULIEN.

Eh bien! oui, monsieur le juge, c'est plus fort que moi, mais devant Dieu, je ne puis soutenir un mensonge.

GUILLAUME, à part.

Animal! c'est lui qui m'a soufflé tout ça! il me met dedans! il m'y plonge à perpétuité!

JULIEN.

AIR : C'était Renaud de Montauban.

Pour Louis' je donnerais mon sang!
Non, il n'est rien que je ne sacrifie!..
Mais un mensong', lorsque le ciel m'entend,
Ah! ça, monsieur, ça s'rait plus que ma vie!
Grace à ma mère, à ses soins vertueux,
J' tiens à l'honneur... et pour tel on m' renomme!..
Et puis j' sens là qu'en restant honnête homme,
On sait bien mieux défendre un malheureux!

LE JUGE.

Allons, Julien; je vois que vous méritez qu'on vous estime... Je vous écoute.

JULIEN.

Oui, monsieur, oui, c'est elle... elle est coupable... mais son enfant mourait de faim, de froid... Si j'étais venu une heure plus tôt, elle était à l'abri du besoin; mais elle ignorait mon arrivée, et se croyait abandonnée de tous. Ah! monsieur le juge, Louise est digne de toute votre pitié! sa première faute, elle ne l'eût pas commise, sans un homme qui eût la cruauté de l'abandonner.

GUILLAUME.

Oui, un bel enjôleur, un avocat!

LE JUGE, à part.

Un avocat!

JULIEN.

Qui la laissa à Paris, dans la misère, après avoir promis de l'épouser!.. Il était retourné à Rennes, dans sa famille.

LE JUGE, à part.

A Rennes! plus de doute, c'est lui...

JULIEN.

Sans argent, sans ressources, devenue mère, pour le rejoindre, elle se rendit coupable.

GUILLAUME.

Coupable d'une place dans la rotonde! et on l'a arrêtée sur le marchepied!

JULIEN.

Après avoir expié sa faute, elle vint dans notre village où on ne savait rien de tout ça : elle se fit aimer de tout le monde par sa bonne conduite, son bon cœur, moi-même, monsieur le juge, un honnête garçon, je peux vous l'assurer, je voulais en faire ma femme! mais elle avait rompu son ban de surveillance, et la surveillance, savez-vous ce que c'est, monsieur le juge? oui, vous le savez!.. Louise voulait fuir la honte et la misère; elle voulait du travail et de l'estime encore; car elle se repentait, mais au moment où elle allait recueillir le fruit de sa bonne conduite, un gendarme est venu qui lui a dit devant tout le monde : « Chacun t'estime ici, mais tu as été coupable autrefois, et tu n'es pas quitte encore devant la loi; tu es libre, mais tu dois être toujours flétrie! » Et elle est retournée à Melun, et tout le monde l'a repoussée, et son enfant manquait de tout!.. Eh bien! est-ce qu'une pauvre mère qui a des entrailles ne perd pas la tête dans un moment comme ça?.. et quand une pauvre petite créature vous crie : « Maman, j'ai faim! » il n'y a pas moyen d'y tenir!..Son enfant allait mourir... mourir de faim, monsieur le juge... et elle a volé!

LE JUGE.

Vous accusez la surveillance; mais vous oubliez qu'il faut des garanties à la société : si elle en abuse, c'est elle qui est coupable, ce n'est pas la loi. Nous ne fermons pas la voie au repentir; que la société nous imite.

GUILLAUME.

Mais ne dirait-on pas qu'elle a pris le château de Versailles? Un manteau... un méchant manteau!.. je les indemniserai ceux qu'elle a volés, je les habillerai en bouracan, eux et toute leur famille!

LE JUGE, parcourant le dossier, à part.

Je ne vois aucune charge contre ces deux hommes! (Il sonne.)

SCÈNE XII.

LES MÊMES, L'HUISSIER.

LE JUGE.

Guillaume et Julien, vous êtes libres.

GUILLAUME.

Libre! ah! monsieur, vous êtes le plus grand juge que j'ai jamais vu, le plus digne organe de la justice! quel organe magnifique!..

JULIEN.

Je vous ai tout dit, monsieur; un peu d'indulgence pour Louise! vous savez, maintenant, si elle en est digne! Si je suis content d'être en liberté, c'est que je vais pouvoir m'employer pour elle... Vous me permettrez de la voir, n'est-ce pas, monsieur, vous me le permettrez, tous les jours, à toute heure?..

GUILLAUME, bas à Julien.

Oui, oui, mais viens nous-en... il n'aurait qu'à se détracter... Pardon, monsieur, si madame votre épouse désire quelques étoffes... vous-même, s'il vous fallait une robe, je serais heureux de vous l'offrir... je travaille dans toute les couleurs. (Ils sortent.)

SCENE XIII.

LE JUGE, L'HUSSIER.

LE JUGE.

Plus de doute, cette ouvrière, cette pauvre fille, dont j'ai trouvé une lettre dans les papiers de M. de Brémont, c'est l'accusée, c'est Louise Duval! (A l'hussier.) Faites entrer la prévenue...

SCENE XIV.

LES MÊMES, LOUISE.

LE JUGE.

Approchez, Louise Duval; vos co-accusés, Guillaume et Julien...

LOUISE, vivement.

Ils sont innocens, monsieur, je suis seule coupable.

LE JUGE.

Je le sais, et je viens d'ordonner leur mise en liberté.

LOUISE, avec joie.

Ah! monsieur, que je vous remercie!..

LE JUGE.

Ainsi, vous avouez que c'est vous qui avez dérobé ce manteau, chez monsieur le directeur de la maison centrale ?

LOUISE.

Oui, monsieur, je l'avoue.

LE JUGE.

Je sais par quelles circonstances vous avez été amenée à cette faute! et si vos juges ne peuvent vous absoudre, ils trouveront du moins dans leur conscience des motifs d'indulgence et de pitié ; mais, dites-moi... par quelle singularité avez-vous commis ce vol, au moment même où monsieur le directeur faisait de si actives démarches pour qu'on améliorât votre sort, et qu'on vous dispensât de la surveillance ?

LOUISE, étonnée.

Comment ! monsieur le directeur s'occupait de moi ?..

LE JUGE.

Ne feignez pas de l'ignorer ; ce matin encore, il est venu présenter à ma signature un recours en grâce formé pour vous, et il plaidait votre cause avec une chaleur... un intérêt!..

LOUISE.

Un recours en grâce !.. pour moi !.. je ne le connais pas.

LE JUGE, à l'hussier.

Priez monsieur le directeur de se rendre ici... (A part.) Je vais voir si mes soupçons étaient fondés. (L'hussier sort.)

SCÈNE XV.

LES MÊMES, JULES.

JULES, entrant, à part.

Louise !..

LOUISE, à part.

O ciel ! Jules de Brémont...

LE JUGE, remarquant leur trouble, à Jules.

Vous aviez raison, monsieur ; cette femme mérite tout l'intérêt qu'elle vous avait inspiré.

LOUISE, à part.

Lui, lui, Brémont ! et il s'intéressait à moi ! et il voulait me sauver !..

LE JUGE.

Je connais ses malheurs ; je connais l'origine de cette première faute, qui l'a vouée pour toujours à la misère et à la honte... A cet âge où une pauvre jeune fille est sans défense contre la séduction, elle écouta les promesses d'un homme qui devait l'abandonner et la trahir! et cet homme, ah ! monsieur, vous devez vous indigner comme moi !..il appartenait à cette noble profession qui fut la nôtre, à la profession d'avocat.

JULES, à part.

Elle lui a tout dit...

LE JUGE, à Jules.

Époux d'une femme digne de tout votre amour... (Louise fait un mouvement.) père d'un enfant que vous chérissez, vous avez dû compatir aux souffrances d'une pauvre mère !.. Louise ! pour vous, pour votre fils, il vous reste un devoir à remplir : vous avez ici deux protecteurs qui feront tout pour adoucir la sévérité de la loi; nommez-nous l'homme dont l'abandon vous a perdue ; nous parviendrons peut-être à le découvrir, à lui faire réparer ses torts, peut-être rendrons-nous un appui à votre misère, un père à votre enfant.

LOUISE, à part, en regardant Jules qui est pâle et dont les traits expriment la plus grande agitation.

Si je parle, il est perdu !..

JULES, se remettant et regardant le juge.

Nommez-le, Louise !.. Si cet homme, auteur de tous vos maux, est libre encore, il pourra vous donner la réparation que vous méritez ; mais s'il n'est plus en son pouvoir de vous l'offrir, s'il est marié, nommez-le toujours ! faites-le rougir aux yeux du monde d'avoir manqué à ses sermens ! S'il occupe une de ces positions, où l'on doit donner l'exemple aux autres, nommez-le encore ! Vengez la société qu'il a outragée en vous ! soyez sans pitié pour lui !.. Faites rejaillir sur sa tête l'opprobre dont il vous a couverte! faites retomber sur lui ces années de prison que vous avez subies, cette surveillance qui vous flétrit, et le nouveau châtiment qui vous attend encore!..

AIR : Ma vie entière est une longue épreuve.

Ne craignez rien! parlez, et qu'il expie
Vos jours par lui livrés à la douleur!
Il vous légua le malheur, l'infamie,
Quand son serment vous promit le bonheur!
Oui, devant tous montrez-lui sa victime!
Qu'il voie enfin, de remord pénétré,
Qu'un tort qu'on n'a pas réparé
Peut un jour devenir un crime!

LE JUGE, à part.

Que dois-je croire? (Haut.) Parlez, Louise, parlez!

LOUISE.

Le nommer!.. le nommer!..

LE JUGE.

Ne craignez rien!

LOUISE.

Il est mort!..

JULES, à part.

Elle me sauve!..

LE JUGE se levant.

Louise Duval, vos aveux ne me permettent pas d'écouter la pitié que votre infortune m'inspire : je ne puis vous remettre en liberté.

JULES.

Ah! monsieur, suspendez encore votre décision ; songez qu'il y a récidive! et qu'un vol de peu d'importance commis chez moi... peut la plonger dix ans dans les prisons!.. Souffrez que je l'interroge seul quelques instans : nous n'avons contre elle que ses aveux, dictés sans doute par le désespoir; peut-être va-t-elle les rétracter devant moi?..

LE JUGE.

Soit, monsieur, vous savez que vous me répondez d'elle.

JULES.

Je le sais, monsieur. (Le juge sort.)

SCENE XVI.

LOUISE, JULES.

JULES, bas et après avoir regardé si on les observe.

Louise, vous n'avez pas voulu attirer sur moi le deshonneur; vous avez eu pitié de l'homme qui fut sans pitié pour vous!.. Je ne profiterai pas de votre générosité... L'oubli d'un devoir en entraîne un autre... que ma destinée s'accomplisse!.. (Lui montrant la porte dérobée.) Cette porte ouvre sur un escalier secret ; elle vous conduira dans une cour écartée d'où vous pourrez fuir... (Lui offrant une bourse.) Prenez... prenez cet or... N'hésitez pas, partez; peut-être on nous épie. En vous sauvant, Louise, je foule aux pieds mes devoirs; mais ce sacrifice est encore trop faible pour expier le mal que je vous ai fait!.. (Il ouvre la porte.) Partez, Louise, partez!..

LOUISE.

Fuir! vous deshonorer! jamais!..

SCÈNE XVII.

LES MÊMES, L'HUISSIER.

L'HUISSIER, à Louise.

Une lettre pour vous.

LOUISE, la décachetant.

D'Adelaïde!.. « Ma chère Louise, je t'annonce un grand malheur! Ernest qui pleurait de ne pas te voir, s'est échappé pendant mon absence, sans doute pour te chercher... J'ai déjà couru toute la ville; le pauvre petit se sera perdu!.. » (Elle pousse un grand cri et se sauve par la porte que Jules vient d'ouvrir.)

SCÈNE XVIII.

LE JUGE, JULES, L'HUISSIER, GARDES.

LE JUGE, à Jules.

Monsieur, où est la prévenue?..

L'HUISSIER.

Sauvée, monsieur le juge, sauvée! (Il montre la porte ouverte.)

LE JUGE, à Jules.

Monsieur le directeur, vous aviez la clé de cette porte... vous êtes responsable de cette évasion!

JULES.

Faites votre devoir, monsieur!..

FIN DU TROISIÈME ACTE.

ACTE IV.

Le théâtre représente la salle du tribunal de Melun; au fond, l'estrade pour les juges; portes à droite et à gauche.

SCENE I.

L'HUISSIER, plaçant une sentinelle.

Placez-vous près de cette porte, et ne laissez entrer personne avant l'ouverture de l'audience... Nous avons aujourd'hui plusieurs causes... nous commencons par un marmot de sept ans, un petit mendiant arrêté dans la rue, un petit vagabond. Encore un pensionnaire pour notre dépôt... C'est dommage, car il est gentil... à coup sûr, celui-là ne battra pas la garde...

SCENE II.

L'HUISSIER, GUILLAUME, JULIEN, voulant entrer.

LA SENTINELLE, en dehors.

Je vous dis qu'on n'entre pas!

GUILLAUME, en dehors.

On n'entre pas! ça n'est pas une raison pour me déchirer mon gilet!

L'HUISSIER, s'avançant.

Qu'est-ce que c'est, voyons, que demandez-vous?

JULIEN, paraissant.

Nous demandons à voir M. de Brémont...

L'HUISSIER.

Laissez... laissez passer...

GUILLAUME.

Brutale de sentinelle! peut-on arranger un gilet de cette façon, et le gilet du père Biquot, encore...

JULIEN.

Monsieur, serait-il possible de parler à monsieur le directeur de la maison centrale? On nous a dit qu'il était ici.

L'HUISSIER.

Restez un moment; il va venir... Mais... il me semble que je vous ai déjà vus quelque part?..

JULIEN.

Oui, monsieur.

GUILLAUME.

Il y a cinq semaines, il n'y a pas d'affront...on nous a empoignés, ça peut arriver à tout le monde; mais on nous a relâchés, ce qui n'arrive pas toujours ..Vous savez bien, le jour où je vous ai donné vingt francs?

L'HUISSIER.

Donné! donné! en échange d'une pièce d'or...

GUILLAUME.

Ça vous a peut-être fait cet effet là; mais le fait est que je vous ai donné vingt francs... (A part.) Chère colombe d'Adelaïde, ça me fait penser qu'elle n'est pas encore revenue de Louviers.

L'HUISSIER.

C'est justement pour votre affaire que monsieur le directeur a été suspendu un mois de ses fonctions, pour avoir laissé échapper, par imprudence, cette femme qui était avec vous...

JULIEN, à part.

Quel bon cœur que ce M. Brémont!..

L'HUISSIER.

Le voici.

SCENE III.

LES MÊMES, JULES.

JULIEN, bas à Guillaume.

Guillaume, va-t-en, j'aime mieux être seul avec lui...

GUILLAUME, à l'Huissier.

Il doit y avoir par là une buvette : venez donc m'aider à prendre une petite vinaigrette, une petite omelette, ou quelque chose... à la poulette.

L'HUISSIER, à Jules.

Monsieur, voici un homme qui demande à vous parler.

JULES.

C'est bien, laissez-nous.

(Guillaume et l'Huissier sortent.)

SCENE IV.

JULES, JULIEN.

JULES.

Que me voulez-vous?

JULIEN.

Je vous demande pardon de vous déranger... mais je viens vous remercier de la part d'une personne qui vous doit beaucoup...

JULES.

Quelle est cette personne?..

JULIEN.

Louise Duval...

JULES.

Louise Duval!.. que voulez-vous dire?

JULIEN.

Ah! monsieur, elle m'a tout dit...

JULES, troublé.

Et que vous à-t-elle dit?

JULIEN.

Elle m'a dit... mais, en me faisant jurer que jamais... je ne trahirais ce secret.

JULES, très troublé.

Eh bien?..

JULIEN.

Qu'elle vous devait tout, que vous avez été pour elle un bienfaiteur, que, sans avoir aucun droit à votre intérêt, à votre pitié, elle a trouvé en vous un appui, un libérateur...

JULES.

Elle vous a trompé, monsieur; je n'ai rien fait pour elle!..

JULIEN.

Ah! monsieur, ne craignez pas que je le dise! ça restera là éternellement! mais je viens vous demander un nouveau bienfait... non pour elle, car elle est en sûreté, Dieu merci! Guillaume et moi, lui avons trouvé une retraite où elle n'a rien à craindre; mais je viens pour son Ernest qu'on à arrêté; car, n'ayant pu trouver sa mère, il s'était perdu; il mendiait dans la campagne, le pauvre enfant! c'est lui qui va paraitre devant le tribunal.

JULES.

Je le savais...

JULIEN.

Louise ignore ce nouveau malheur : si elle l'apprenait, il n'y a pas de danger qui pourrait la retenir, et, au risque de se faire reprendre, elle viendrait le chercher jusqu'ici! nous lui avons fait croire qu'il était retrouvé, que de bonnes gens s'en étaient chargés ; mais elle veut le voir, elle le demande... Ah ! monsieur, dites que par votre crédit, vous le ferez remettre en liberté.

JULES à part.

Parler pour cet enfant !.. le puis-je, après ce qui s'est passé, quand chacune de mes paroles sera recueillie, interprétée ?.. Haut.) Je ne puis vous promettre ce que vous me demandez !.. Vous me paraissez un honnête homme, et je puis avoir confiance en vous... Je répondais de Louise Duval, quand elle s'est évadée : si maintenant je parlais pour son enfant, quel avantage ne donnerais-je pas à ceux qui m'ont accusé d'avoir favorisé cette évasion ?.. Quoiqu'il m'en coûte, je ne puis rien tenter pour lui... si personne ne vient aujourd'hui le réclamer...

JULIEN.

Et dire que cet enfant a un père qui le laisse comme ça !.. tandis que moi, car qu'est-ce que je lui suis moi ?.. je me jetterais au feu pour lui et pour sa mère... Mais, monsieur, est-ce que je ne pourrais pas le réclamer ?..

JULES, avec joie.

Si vous le pouvez ?.. ah ! oui... sans doute... personne n'a le droit de s'y opposer ! Mais... pardonnez-moi, vous êtes un ouvrier vivant honorablement de votre travail ; vous avez peut-être des enfans, une famille... vous allez augmenter vos charges. Souffrez que je m'associe à cette bonne œuvre, et que je fasse à vos yeux ce que je ne puis faire publiquement : je me charge de l'entretien de cet enfant...

JULIEN, à part.

Ah ! mon Dieu !..

JULES.

Aujourd'hui, il vous sera confié... Vous m'écrirez, vous m'instruirez de votre demeure, vous me le promettez, n'est-ce pas ?..

JULIEN, interdit.

Oui, monsieur...

JULES.

Je vous quitte... L'audience, je crois, va commencer... (A part.) Ah ! j'y serai, j'y viendrai... (Haut.) Quant à Louise, je viens d'apprendre que la chambre des mises en accusations doit aujourd'hui même prononcer sur son sort... Adieu, monsieur, songez à votre promesse !.. (Il sort.)

SCENE V.

JULIEN, puis L'HUISSIER.

JULIEN, seul.

Je ne reviens pas de ma surprise ! je savais bien que c'était un brave homme, mais à ce point-là !..

L'HUISSIER, à Julien.

Voici l'heure de l'audience !.. (A la sentinelle.) Laissez entrer tout le monde.

(Le peuple pénètre dans la salle.)

CHOEUR.

AIR :

A l'audience,
Qui commence,
Nous nous empressons de nous rendre :
Oui, nous venons sans plus attendre :
De ce pauvre enfant,
La jeunesse,
Nous intéresse ;
Et dans un instant,
Nous allons voir son jugement.

UN OUVRIER, à plusieurs de ses camarades.

Je suis tout de même curieux de voir ça... il paraît qu'il va y avoir du scandale.

JULIEN, s'approchant.

Du scandale ? et lequel ?..

UNE FEMME DU PEUPLE.

Monsieur demande lequel ?.. un fameux qu'il y aura !.. J'ai su ça par la cuisinière du juge d'instruction... Il paraît que monsieur le directeur de la maison centrale va se trouver dans un fier embarras.

JULIEN.

Et pourquoi..?

L'OUVRIER.

Vous ne savez donc pas ce qu'on dit? il paraît qu'il est le père du petit vagabond qu'on va juger.

JULIEN, à part

Ciel!..

LA FEMME.

Et si le petit marmot le nomme, ça sera risible... Il perdra sa place, rien que ça!.. avec ça que déjà il a bien manqué de la sauter.

(Ils vont se placer.)

JULIEN.

Il serait possible!.. ce serait lui!.. lui, son père!..

AIR : Elle a trahi ses sermens et sa foi.

Lui qui promit d'être un jour son époux,
Lui qui jadis eut toute sa tendresse!..
N'écoutons pas un sentiment jaloux!..
Mais... n'va-t-on pas me r'procher ma faiblesse?..
Eh! qu'nous import' les discours du prochain,
Quand not' conscienc' nous dit qu'nous faisons bien? (bis.)

Et puis d'ailleurs, pour Louise, en la sauvant,
Il sacrifiait sa place, son existence!..
Et tout-à-l'heure, il vient, pour cet enfant,
D' m'offrir ses soins, son or, son assistance!..
Point de regrets!.. n'hésite pas, Julien.
Quand ta conscienc' te dit que tu fais bien!

Et il perdrait sa place!.. non, non, ça ne sera pas... Mais, Guillaume, où est-il?.. pourvu qu'il ne soit pas retourné près de Louise commettre quelque indiscrétion!.. il faut que je le trouve... autrement je ne serais pas tranquille. (Il sort par la gauche; un nouveau groupe de spectateurs entre par la droite; du milieu des arrivans, on voit sortir une femme enveloppée d'une mantille : c'est Louise.)

SCÈNE VI.

LOUISE, s'avançant avec précaution. FOULE au fond du théâtre.

Julien et Guillaume m'ont trompée!.. ils ont voulu me cacher mon malheur! ils n'ont pas osé me dire que mon fils, mon pauvre Ernest, allait être amené ici... ici!.. je l'ai su, et me voilà... je veux le voir... Si on me reconnait, si on m'arrête encore... eh! bien, du moins, je l'aurai vu... (Voyant entrer Guillaume et Julien.) Julien, Guillaume!..ah! qu'ils ignorent que je suis ici... (Elle se glisse dans la foule.)

SCÈNE VII.

LES MÊMES, GUILLAUME. JULIEN.

GUILLAUME.

Eh bien! quoi!.. quoi! je payais la carte.

JULIEN.

Je craignais que tu ne sois allé bavarder près de Louise.

GUILLAUME.

Laisse donc! elle ne se doute de rien, la pauvre femme!..d'ailleurs tu m'as trouvé à la buvette où je payais la carte, qui est très chère... quatre francs une vinaigrette!.. (Une sonnette se fait entendre.)

L'HUISSIER, annonçant.

Le tribunal!

CHOEUR.

AIR :

Silence!
Déjà l'audience
Commence!
Un si jeune enfant
Doit-il subir un jugement?

SCÈNE VIII.

LES MÊMES, LE PRÉSIDENT, LES JUGES, LOUISE, cachée dans la foule, ERNEST, JULES DE BRÉMONT parmi les spectateurs.

(On introduit Ernest qu'on place sur le banc des accusés ; mouvement dans l'auditoire à l'arrivée de l'enfant : tous les regards se portent sur M. de Brémont.)

PLUSIEURS FEMMES, montrant Ernest.

Est-il gentil?

L'OUVRIER, bas à Julien.

Dites donc... dites donc... v'là monsieur le directeur... il a osé venir. (Regardant l'enfant.) Pauvre petite créature!.. (A Julien.) Hein! comme il ressemble à son père!..

GUILLAUME.

Bonjour, Ernest!.. bonjour! une petite risette à Guillaume!..

L'HUISSIER, à Guillaume.

Silence! ou je vais vous faire sortir!..

GUILLAUME, à part.

Je te paierai encore à déjeuner, à toi!..

LE PRÉSIDENT, à l'enfant, avec douceur.

Votre nom?

ERNEST.

Je m'appelle Ernest.

LE PRÉSIDENT.

Votre âge?

ERNEST.

Sept ans.

LE PRÉSIDENT.

Le nom de votre mère?

ERNEST.

Louise Duval.

LE PRÉSIDENT, parcourant un dossier.

La mère de cet enfant est en fuite, et la chambre des mises en accusation doit en ce moment même statuer sur elle. (A Ernest.) Comment votre mère vous a-t-elle quitté?..

ERNEST.

Oh! monsieur, elle ne m'a pas quitté!.. des soldats l'ont emmenée, et ma pauvre maman m'a confié en pleurant à une de ses amies...

GUILLAUME, à part.

Noble Adélaïde!

LE PRÉSIDENT.

Où cette amie vous a-t-elle conduit?

ERNEST.

Chez une vieille dame, où on avait bien soin de moi...

LE PRÉSIDENT.

Pourquoi donc vous êtes-vous en-allé?

ERNEST.

Je voulais voir maman... Pendant qu'on ne me regardait pas, je suis parti pour la chercher... loin, bien loin...et puis j'ai eu faim...des hommes ont passé... je leur ai demandé du pain... ils m'ont arrêté.

VOIX, dans l'auditoire.

Ah! ah!.. pauvre enfant!..

LE PRÉSIDENT.

Vous portez au doigt un anneau d'or?..

ERNEST.

Oui, monsieur.... Maman m'a toujours dit qu'avec cette bague je devais retrouver mon père... (Chuchottemens dans l'auditoire.)

L'OUVRIER, bas à Julien.

Monsieur le directeur n'est pas à son aise... regardez-le donc...

LE PRÉSIDENT, à l'enfant.

Montrez-nous cette bague.

LOUISE, s'élançant de la foule.

Non! non!.. Ernest, ne la donne pas... (Mouvement général.

GUILLAUME et JULIEN, à part.

Grand Dieu! Louise ici!..

LE PRÉSIDENT.

Que veut cette femme ?..

LOUISE.

C'est moi... moi... Louise Duval! moi, que vous avez déjà condamnée, moi, que vous voulez condamner encore! Ah! qu'importe ma liberté!.. je serais libre, sauvée, moi!.. Et mon pauvre enfant, mon pauvre Ernest!.. Ah! prenez-moi!.. mais qu'on me le rende!.. C'est mon seul bien!.. c'est mon seul espoir!.. Qu'on nous enferme ensemble... qu'on ne nous sépare pas!.. Le séparer de sa mère!.. mais il mourrait!.. Et moi, malheureuse, que ferais-je? que ferais-je sans lui?.. Ah! mon enfant, mon enfant!.. rendez-le moi!.. Grâce! grâce! pour tous deux!.. (Elle tombe à genoux..

LE PRÉSIDENT.

Louise Duval, vous venez sacrifier votre liberté pour votre enfant; c'est un dévouement dont peut-être on vous tiendra compte... Mais pourquoi vous opposiez-vous à ce que cet anneau fût mis sous nos yeux?

LOUISE.

C'est mon secret!

LE PRÉSIDENT.

Mais, dans l'intérêt de votre enfant, qui ne peut encore vous être rendu, nous devons chercher à connaître le nom de son père... (A l'huissier.) Passez-moi cette bague!

JULES, à part.

Ciel!

(L'huissier remet la bague au président qui l'examine. — Mouvement d'attention dans l'auditoire.)

LE PRÉSIDENT.

Je ne vois sur cet anneau aucune indication précise... deux initiales un J, un B.

L'OUVRIER, bas à Julien.

Jules de Brémont... c'est ça!

JULIEN.

Vous croyez? (S'avançant à la barre.) Julien Brichard, c'est moi!

(Mouvement prolongé dans l'auditoire et au tribunal.)

JULES, avec joie, à part.

Que dit il?

JULIEN, à Ernest, qu'il prend dans ses bras.

Viens, mon enfant!.. (Aux juges.) Oui, messieurs, je répare mes torts... Louise sera ma femme...

JULES, bas à Julien.

Vous m'avez sauvé l'honneur... ma vie est à vous!

JULIEN, bas à Jules.

Vous aviez sauvé Louise!.. vous ne me devez rien.

(Un garde passe derrière le fauteuil du président, et lui remet un papier.)

LE PRÉSIDENT, après avoir lu.

Louise Duval... j'avais raison d'espérer dans l'indulgence de vos juges... celle qui sait si bien aimer son enfant méritait de n'en être pas séparée... La chambre des mises en accusation vous a renvoyée de la plainte.

LOUISE.

Je suis libre!.. oh! mon enfant!..

JULIEN.

Louise, nous ne nous quitterons plus!..

GUILLAUME.

Les v'là donc heureux! et moi, si je pouvais épouser ma noble Adélaïde!

(Le président agite la sonnette.)

L'HUISSIER.

Deuxième affaire : vol avec escalade, la nommée Adélaïde Ducornet.

(Adélaïde entre, précédée d'un garde, et se met à la place où était l'enfant.)

ADÉLAIDE, saluant.

Voilà, voilà!..

GUILLAUME, l'apercevant.

Adélaïde!.. Je suis volé!..

FIN.

www.ingramcontent.com/pod-product-compliance
Lightning Source LLC
LaVergne TN
LVHW021643170726
843501LV00007B/2389

9782329646534